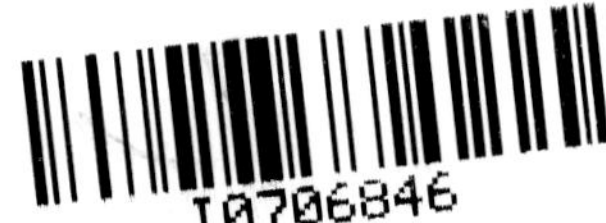
I0706846

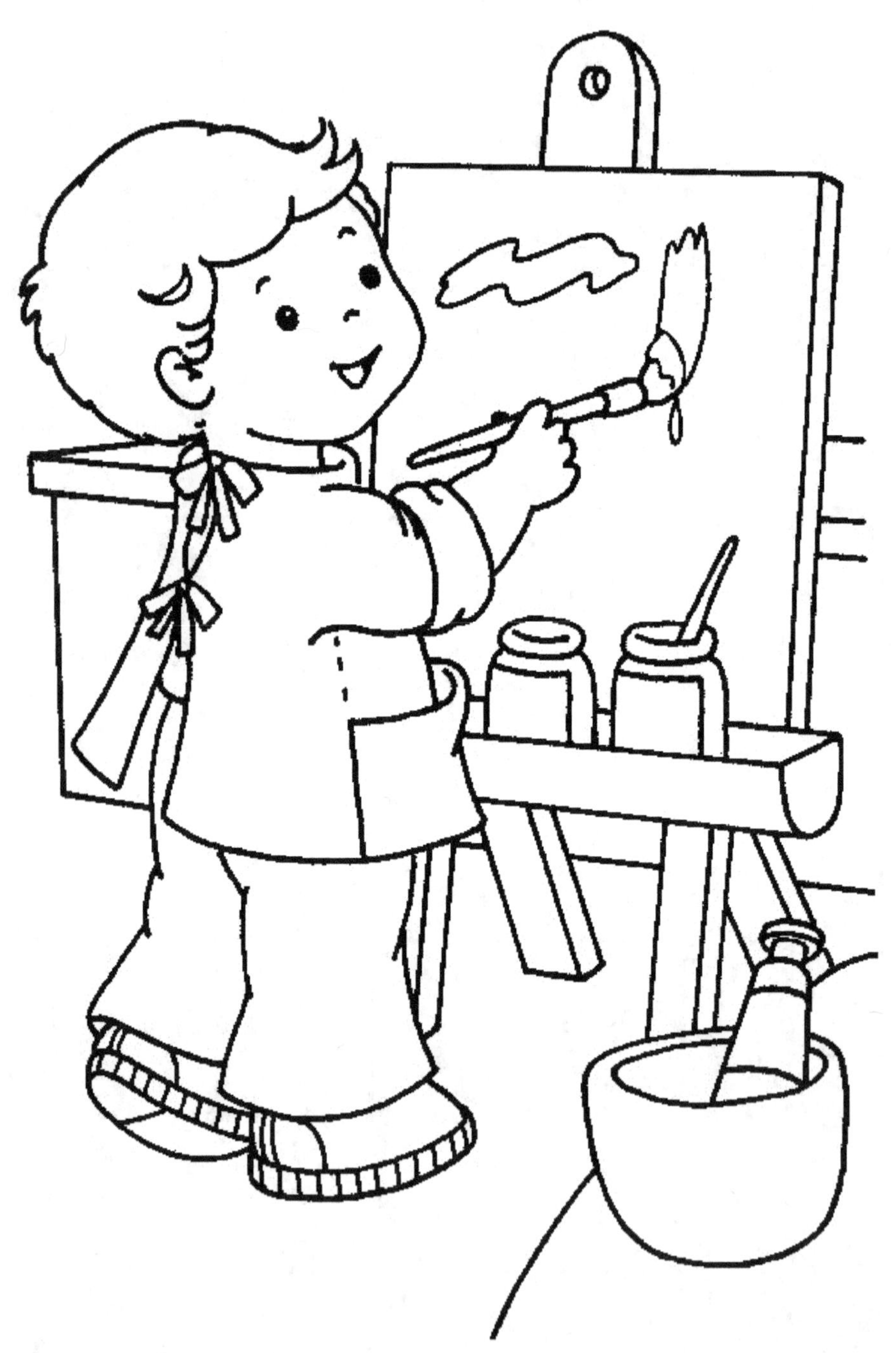

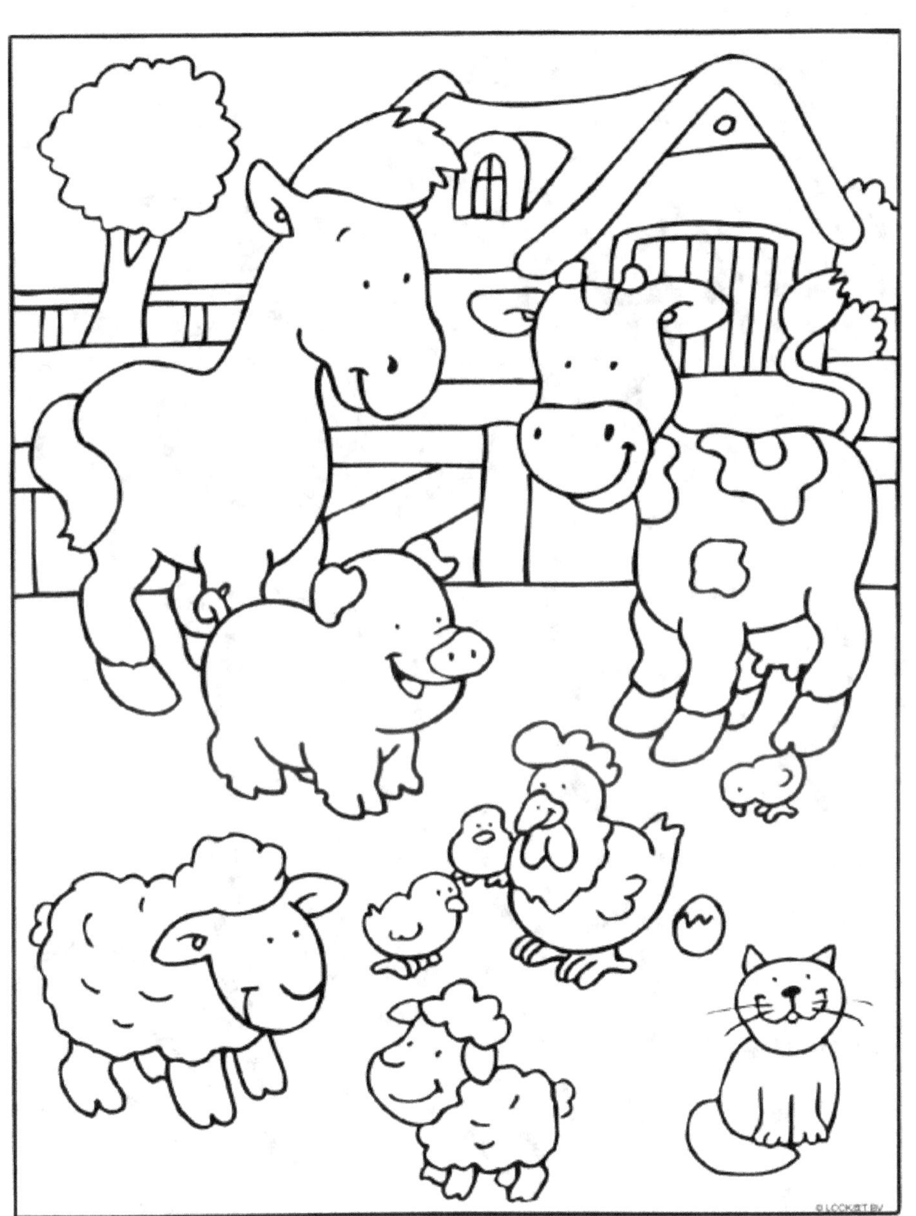

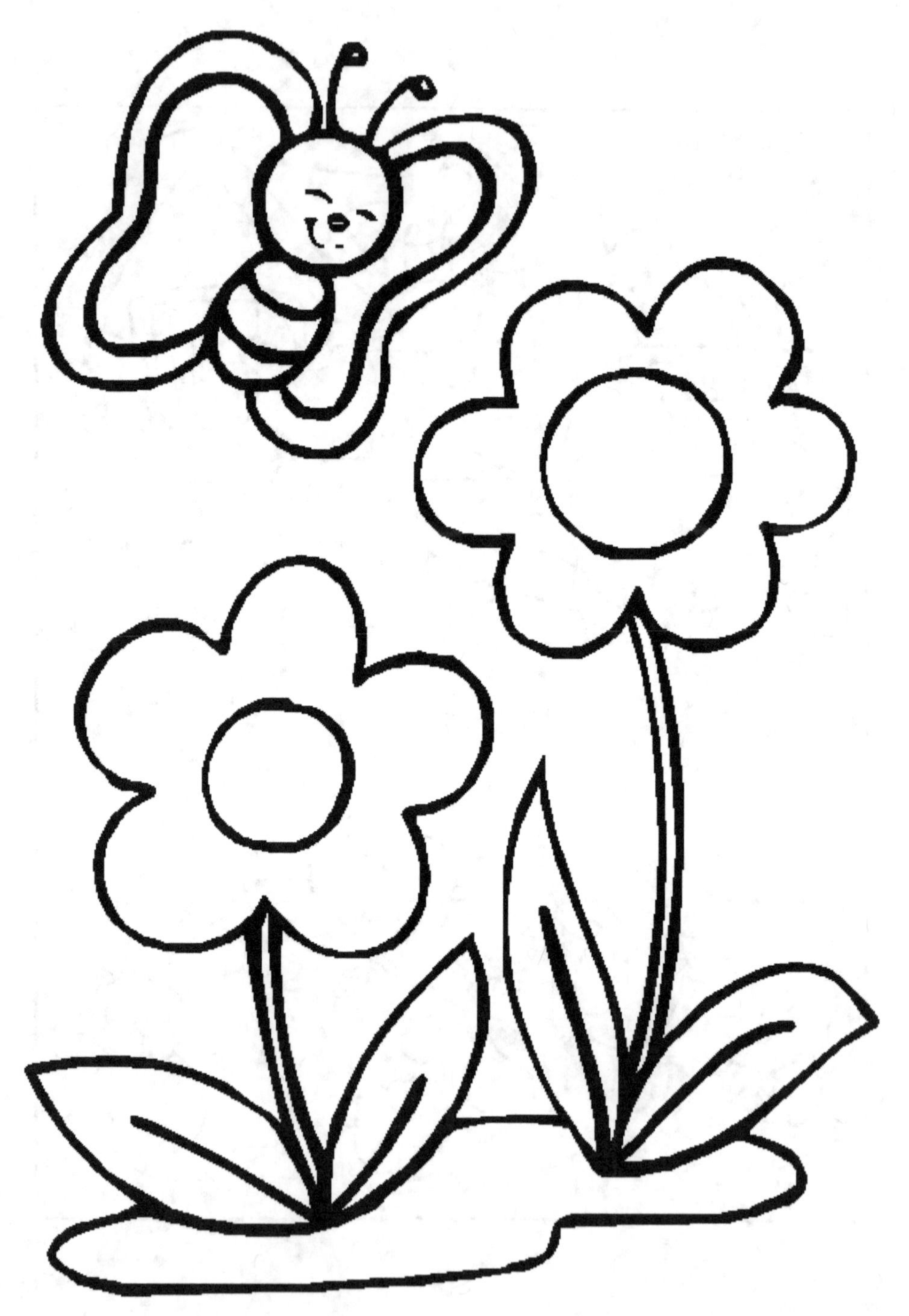

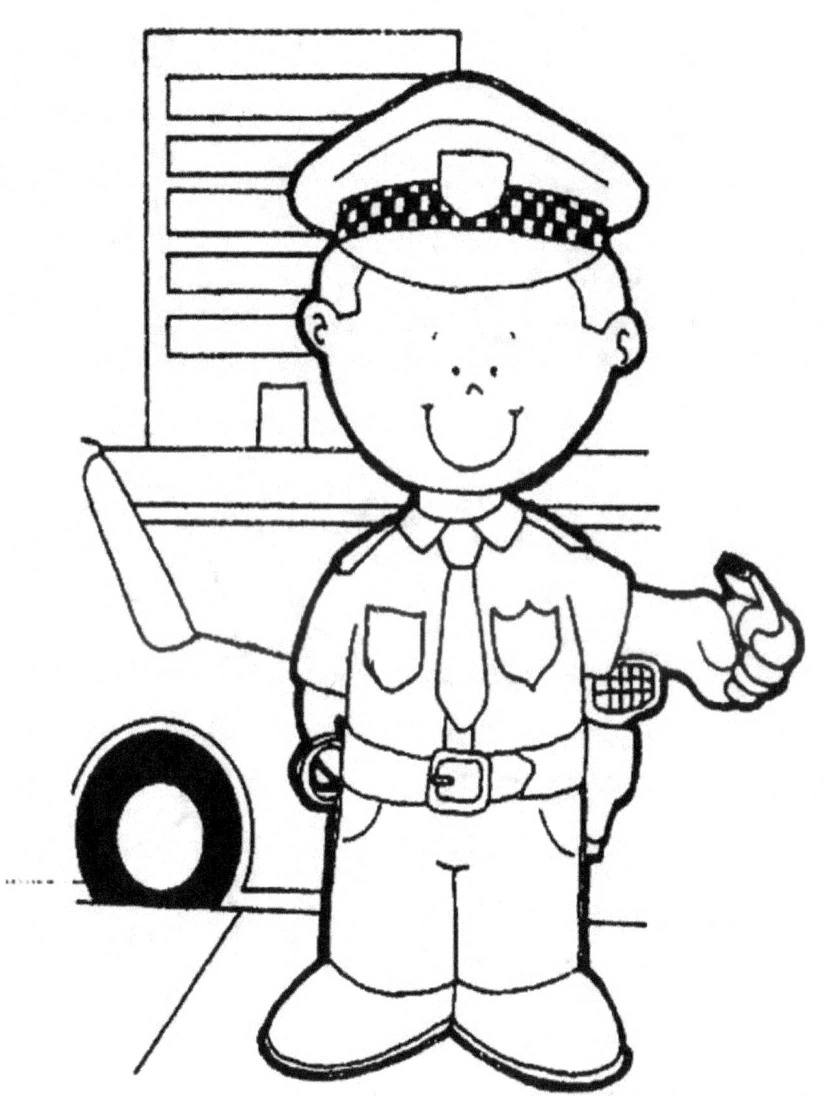

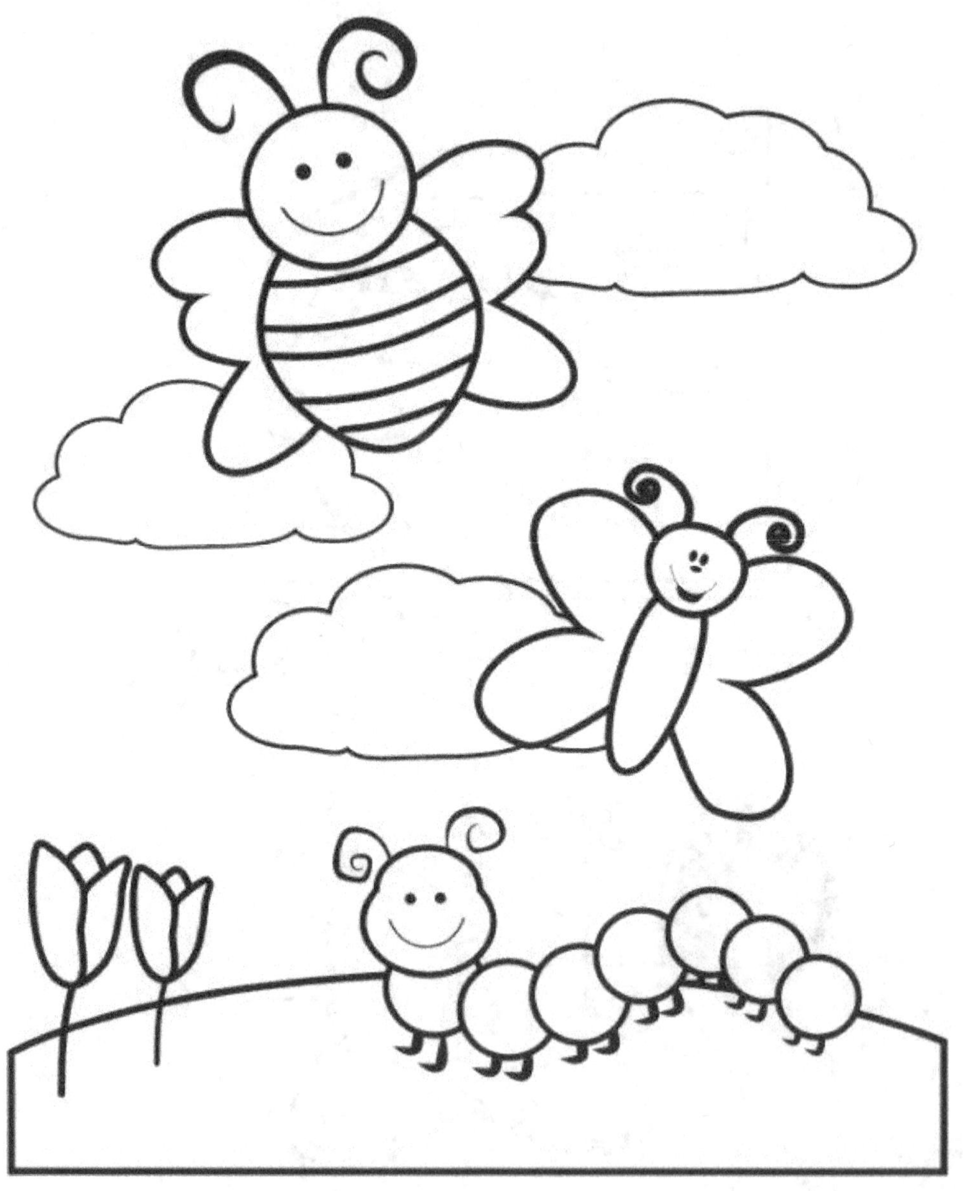

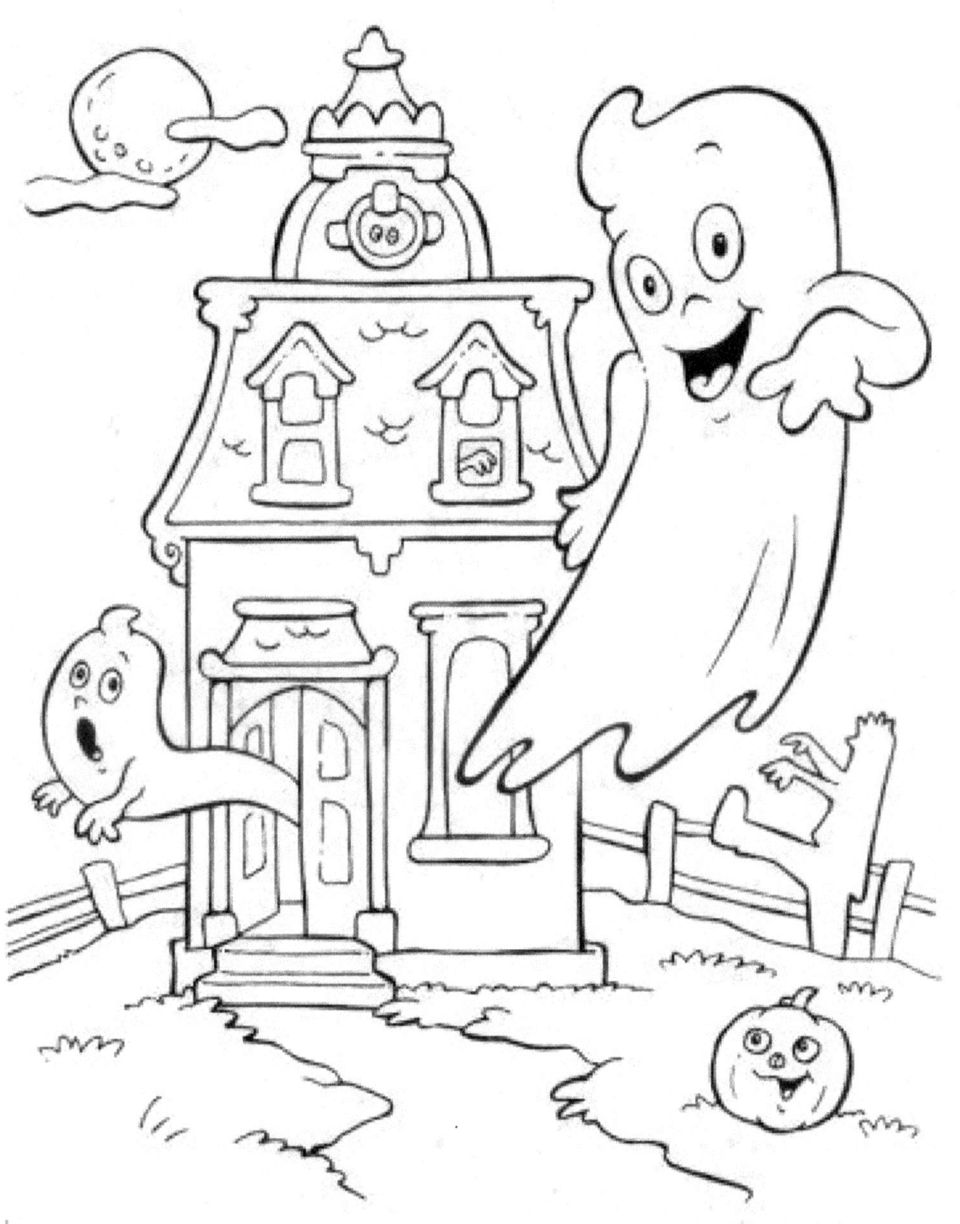

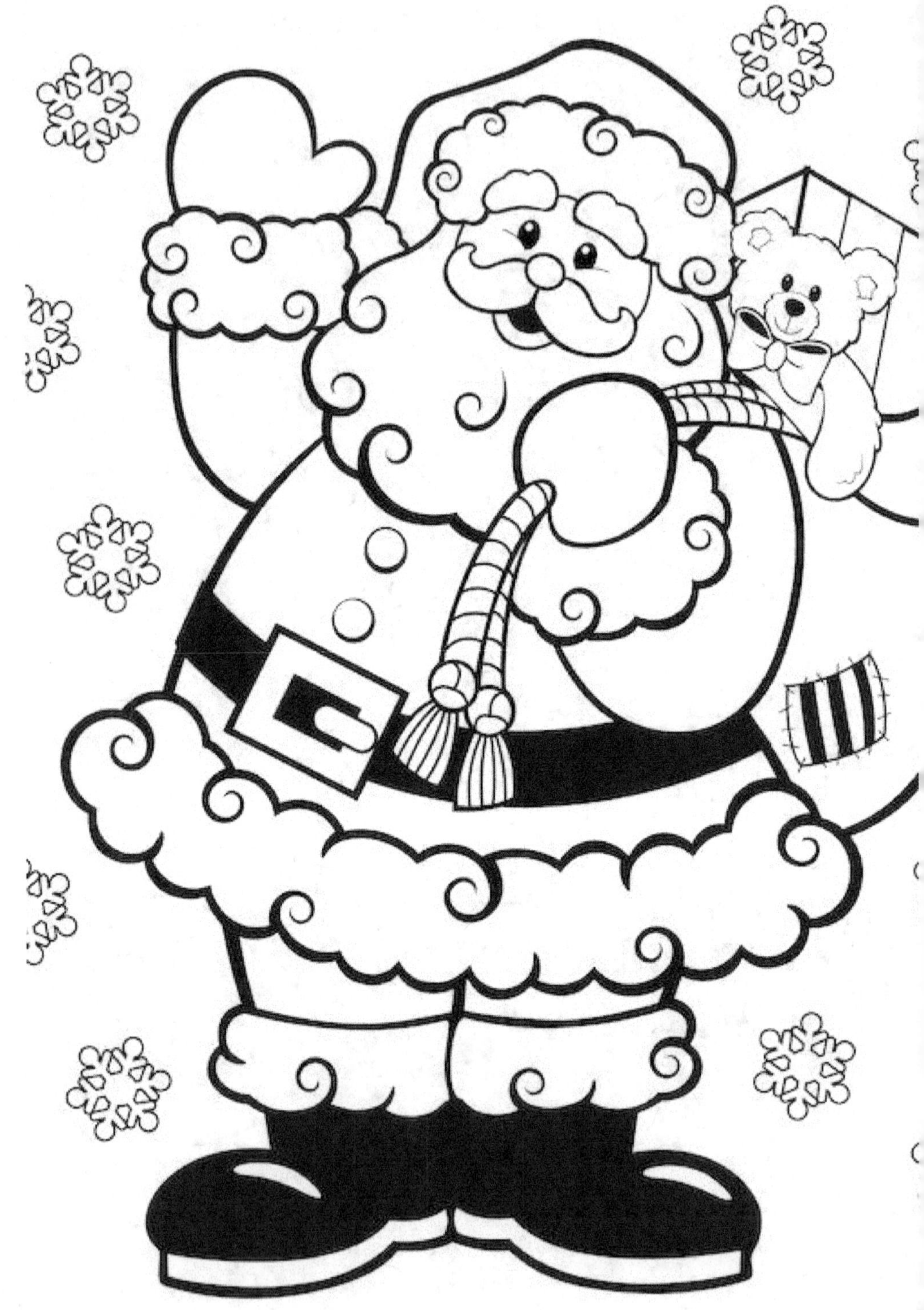

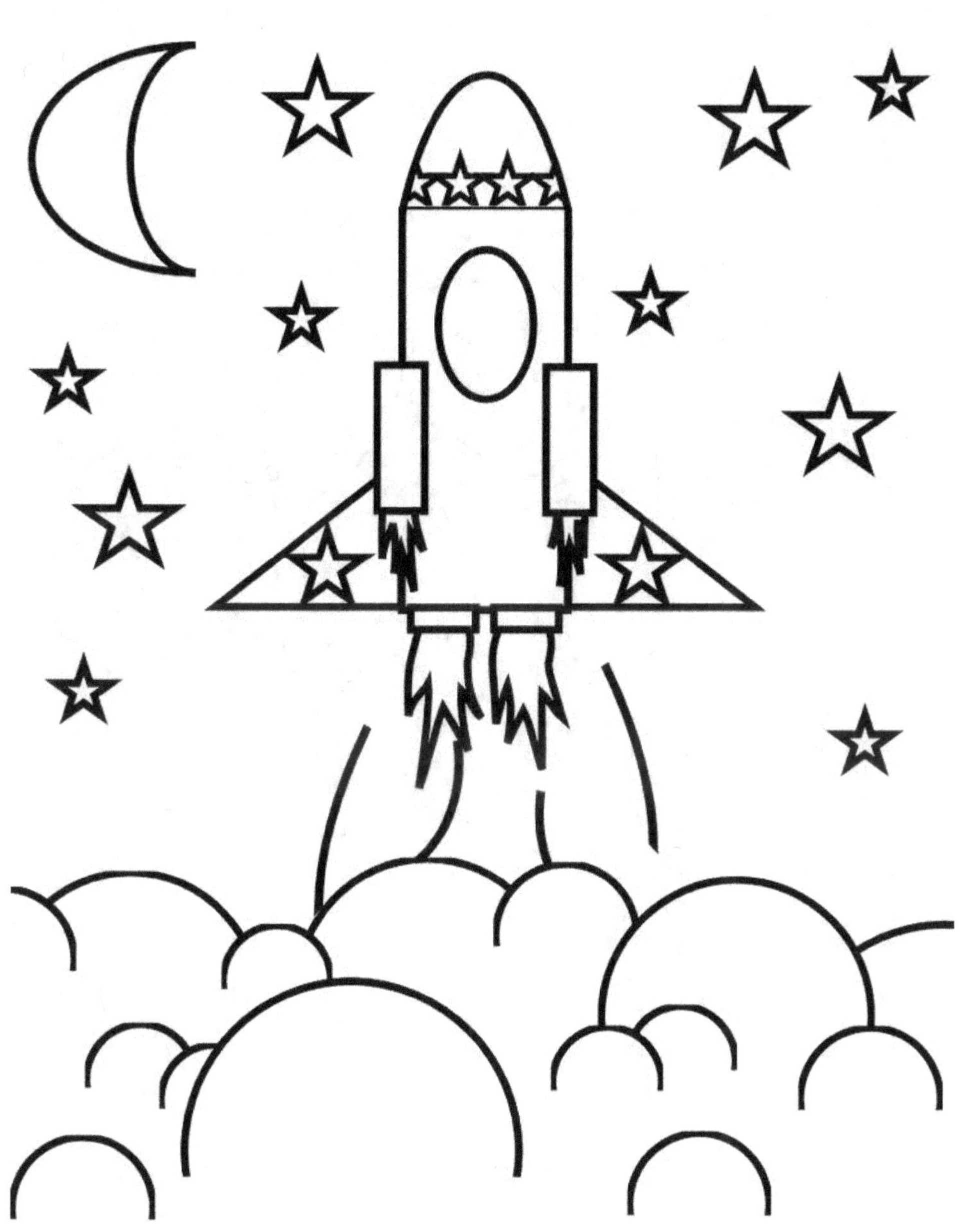

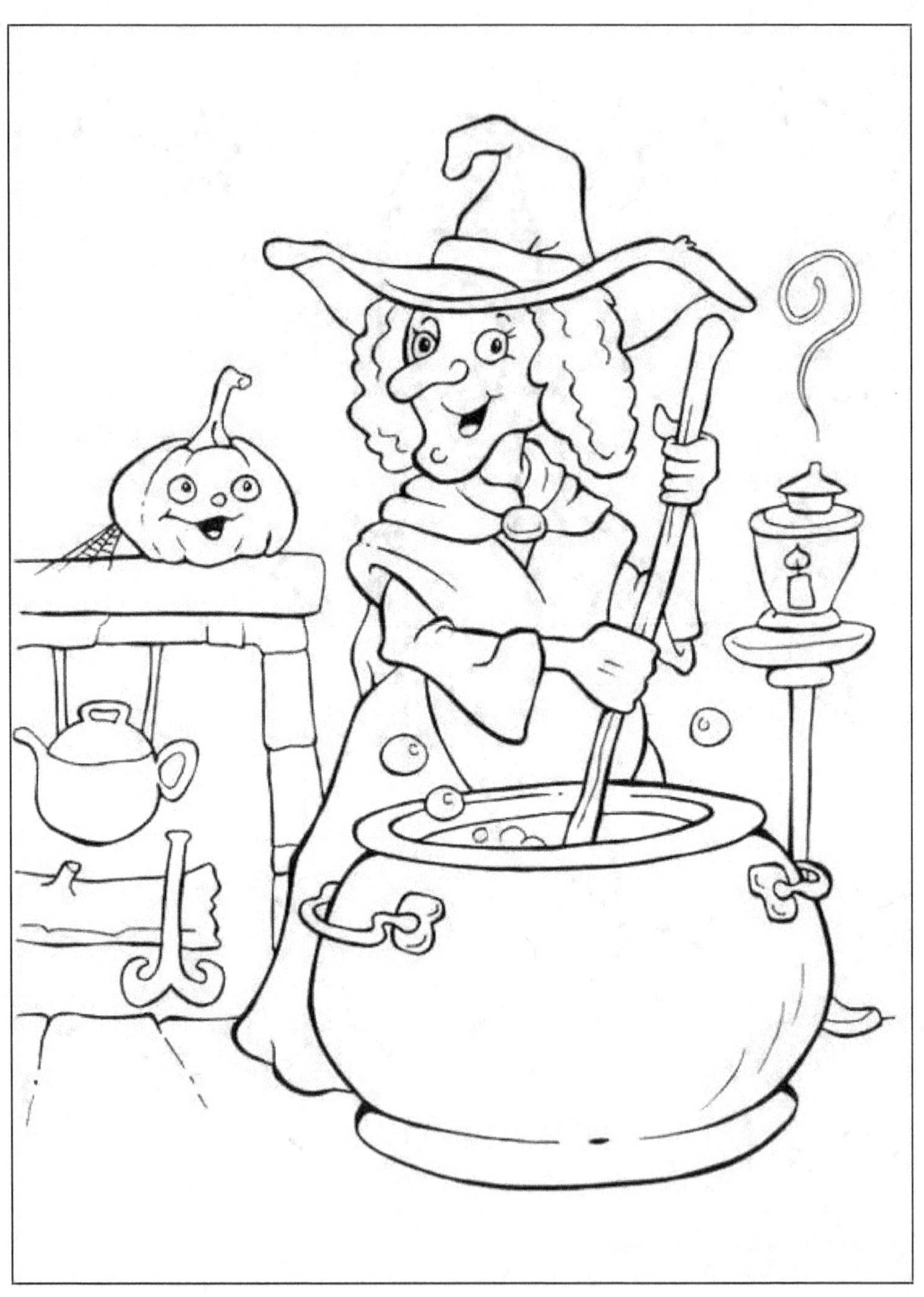

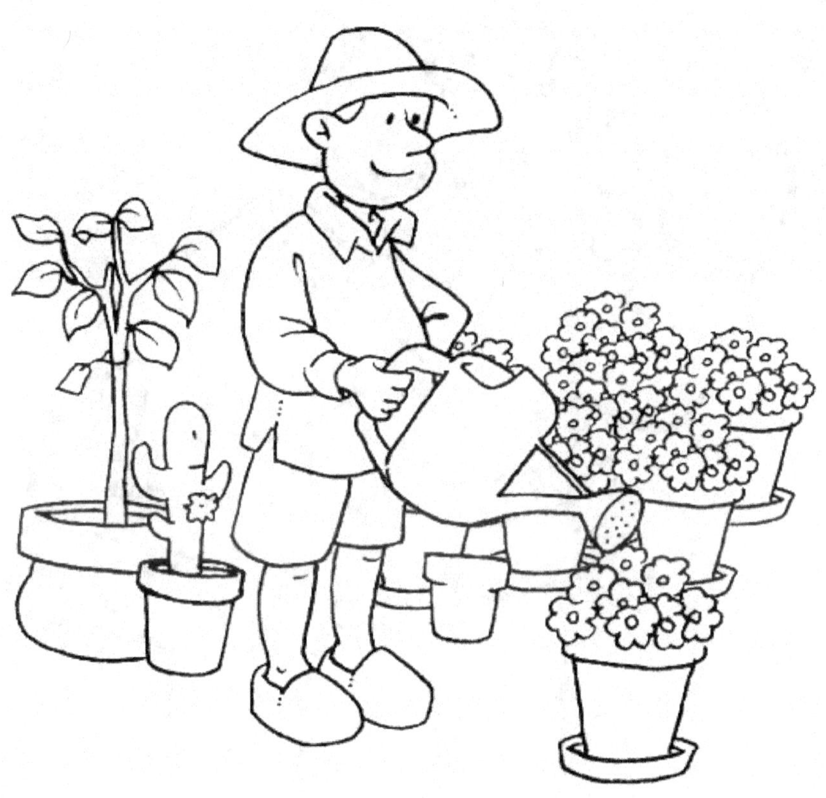

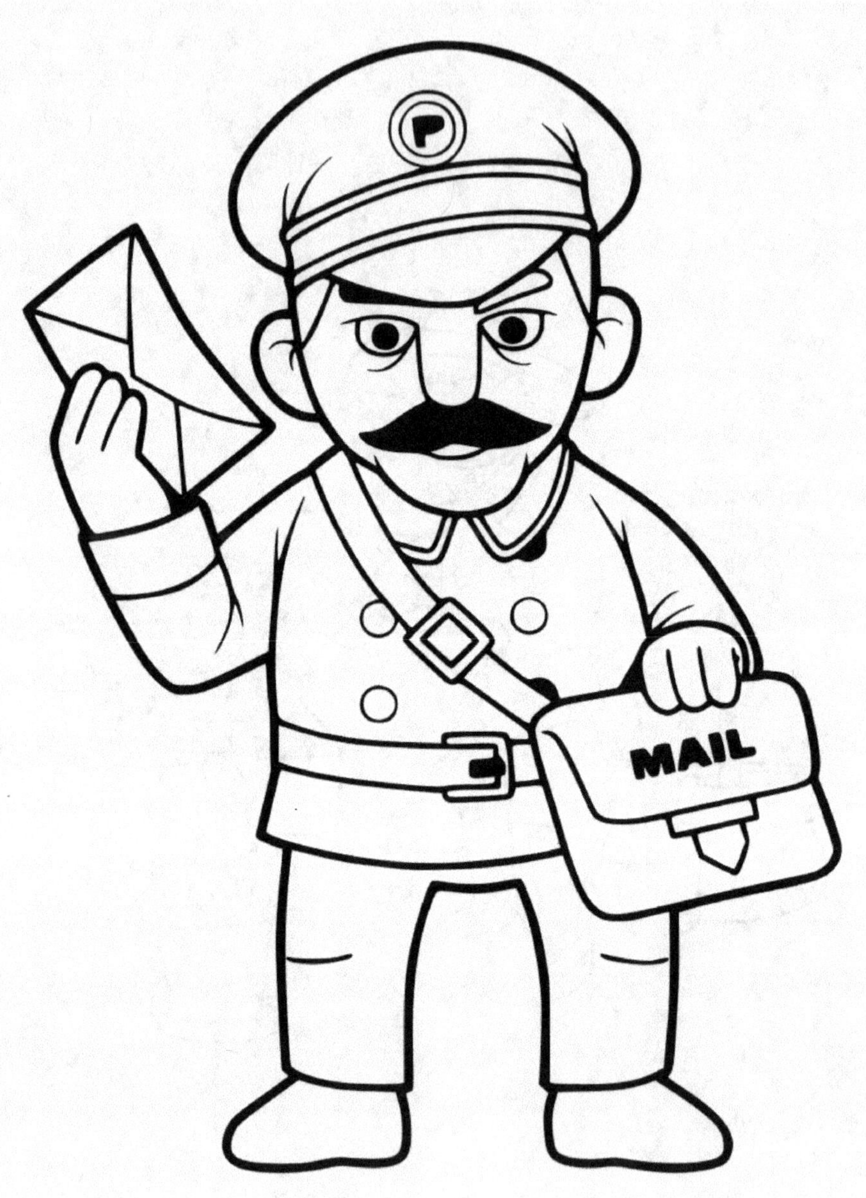
P
MAIL

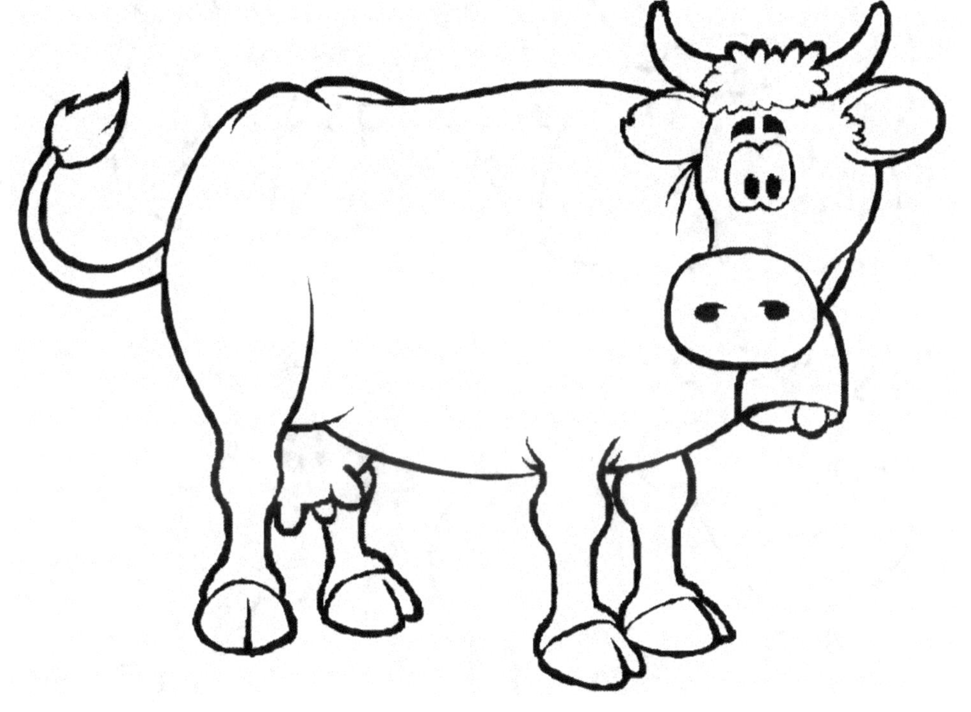

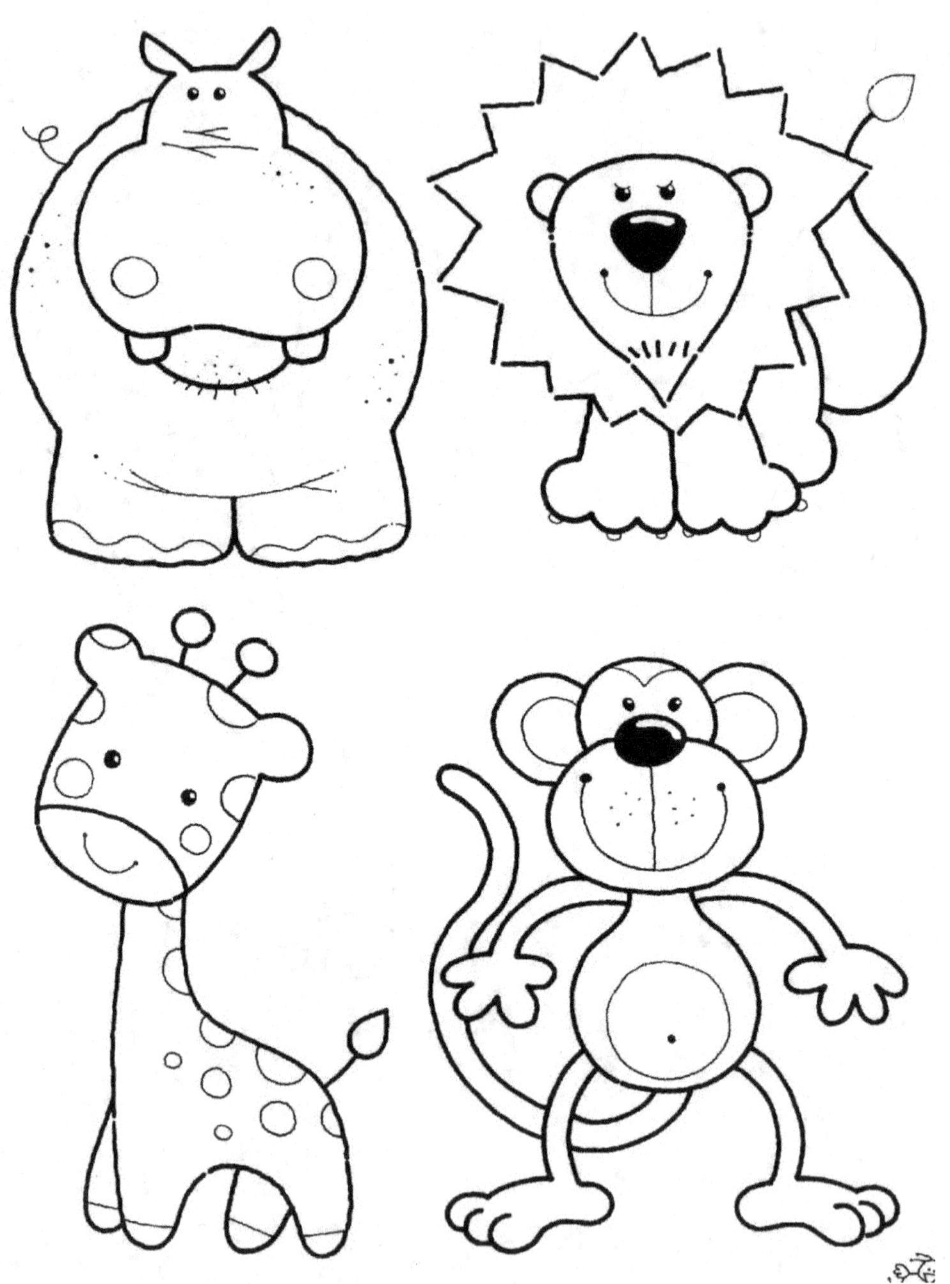

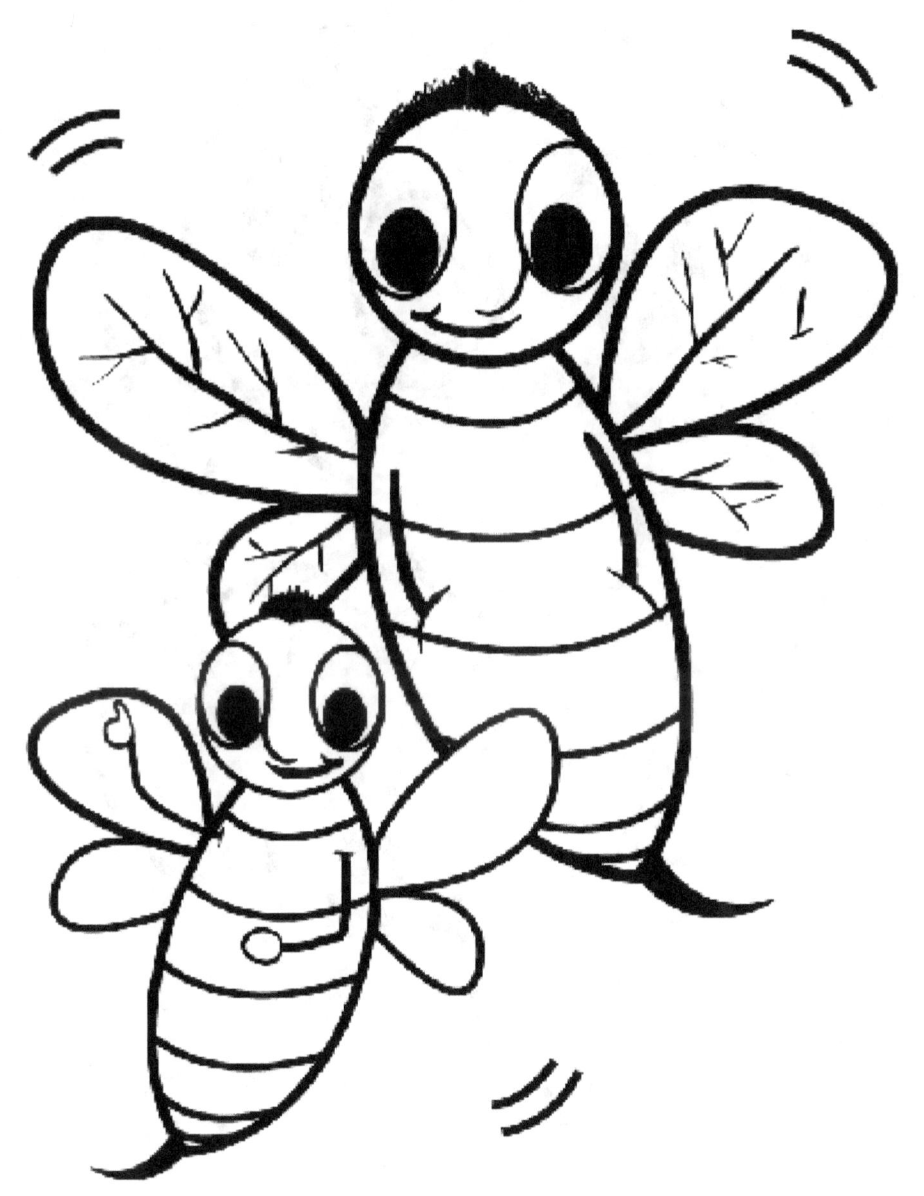

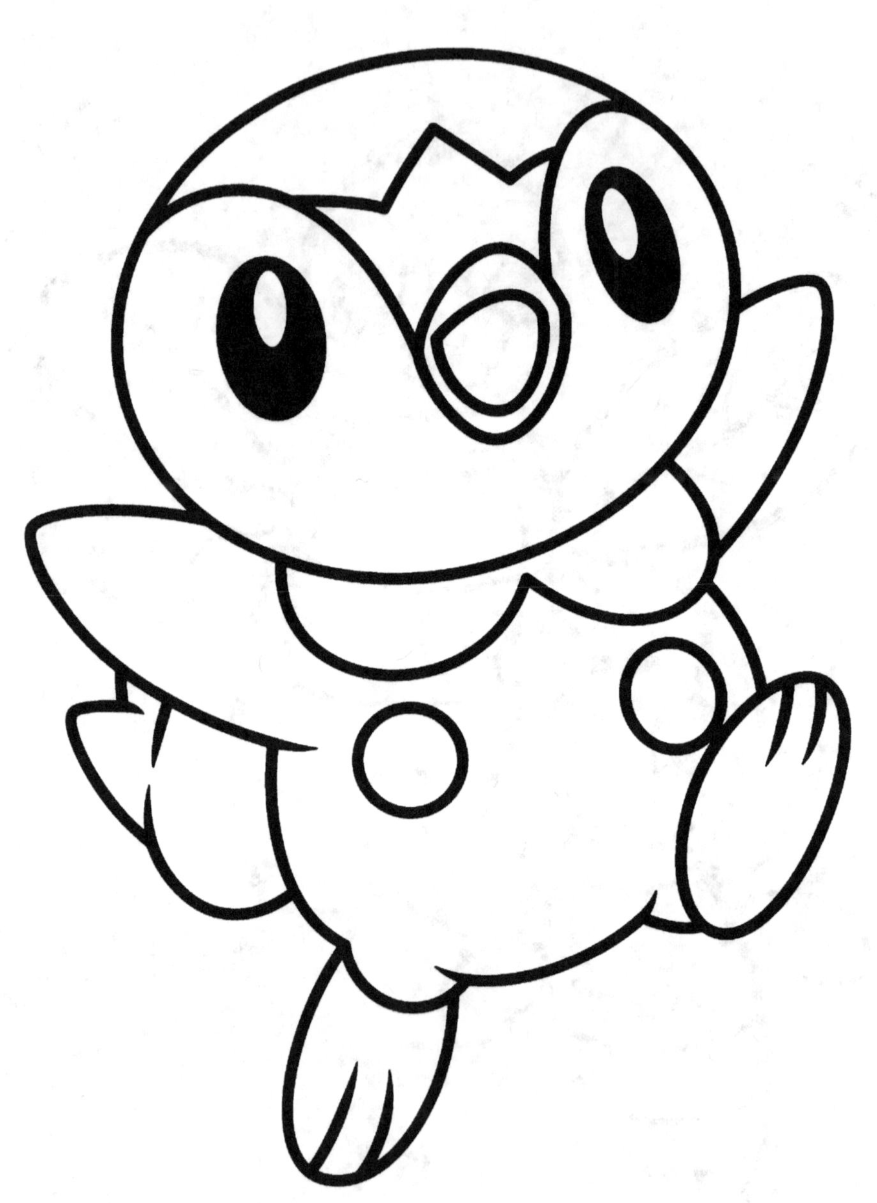

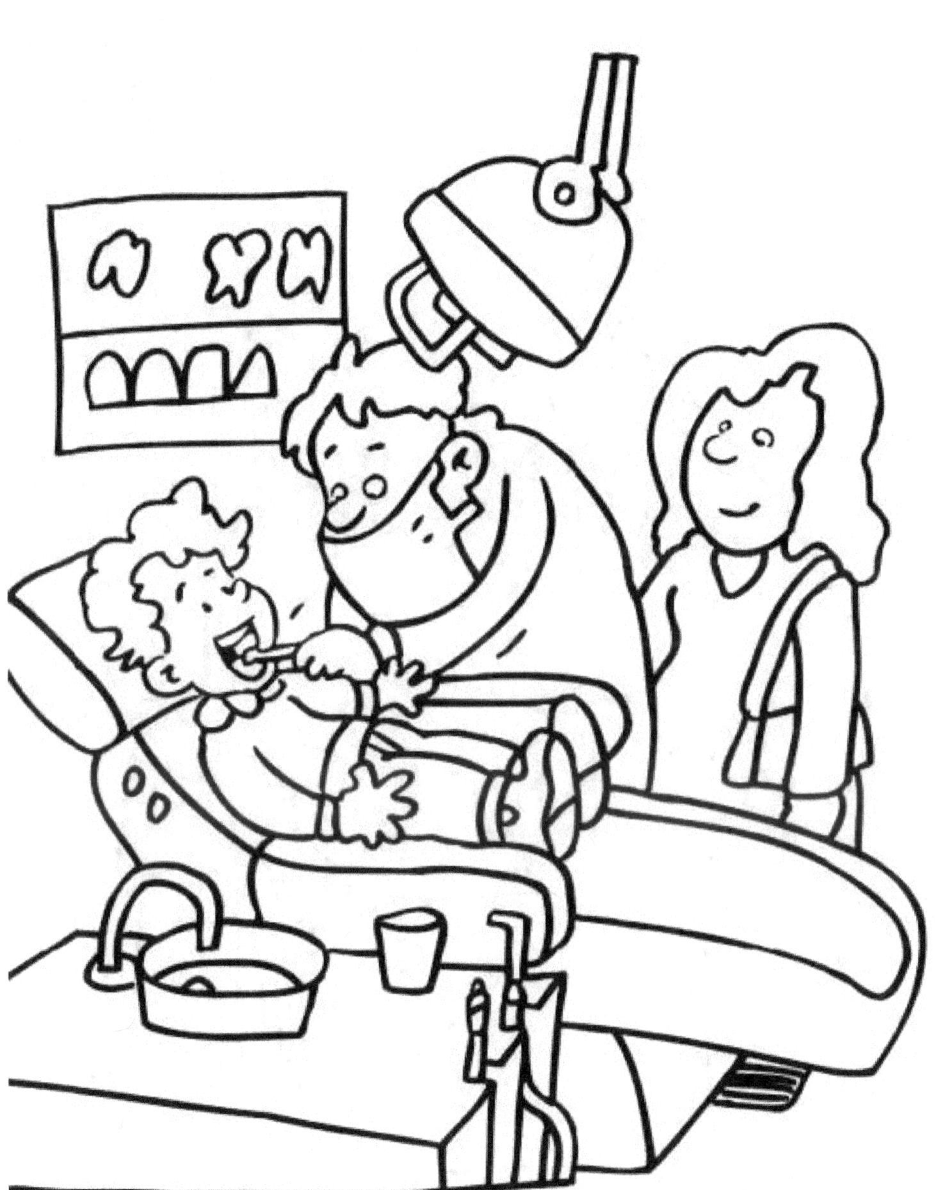

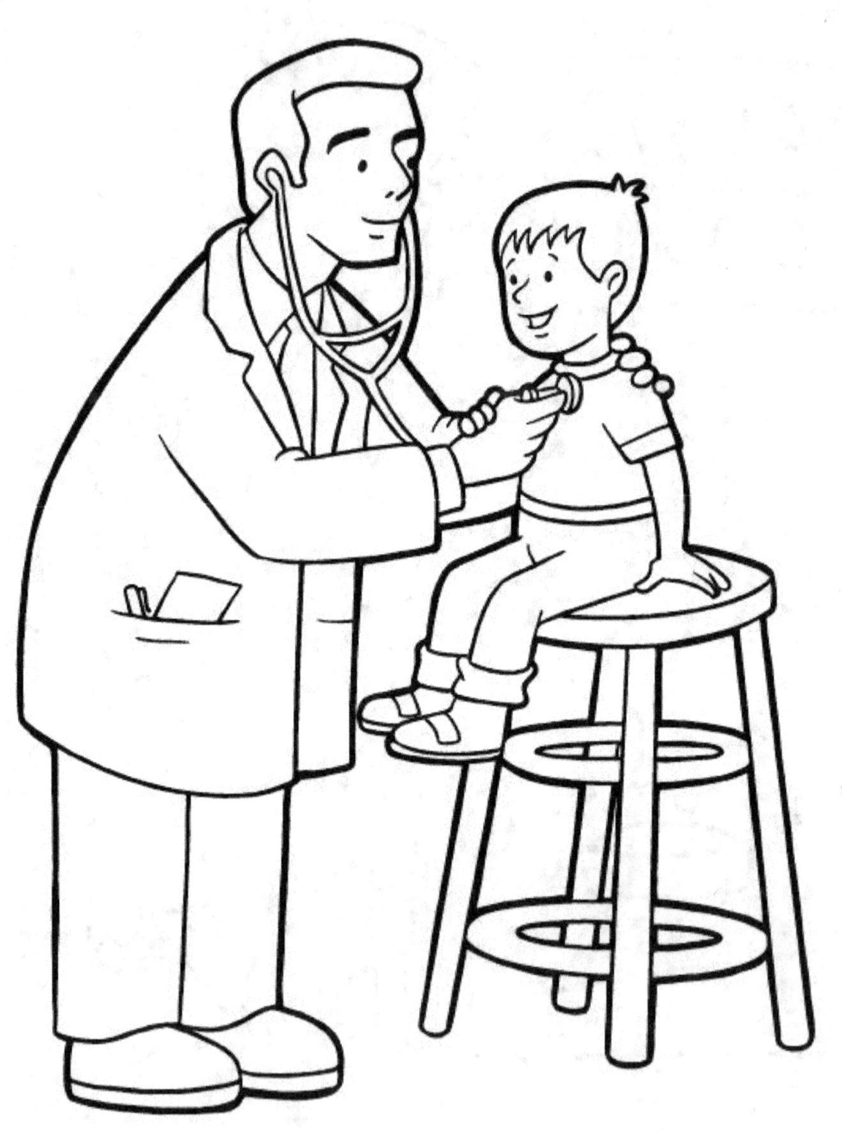

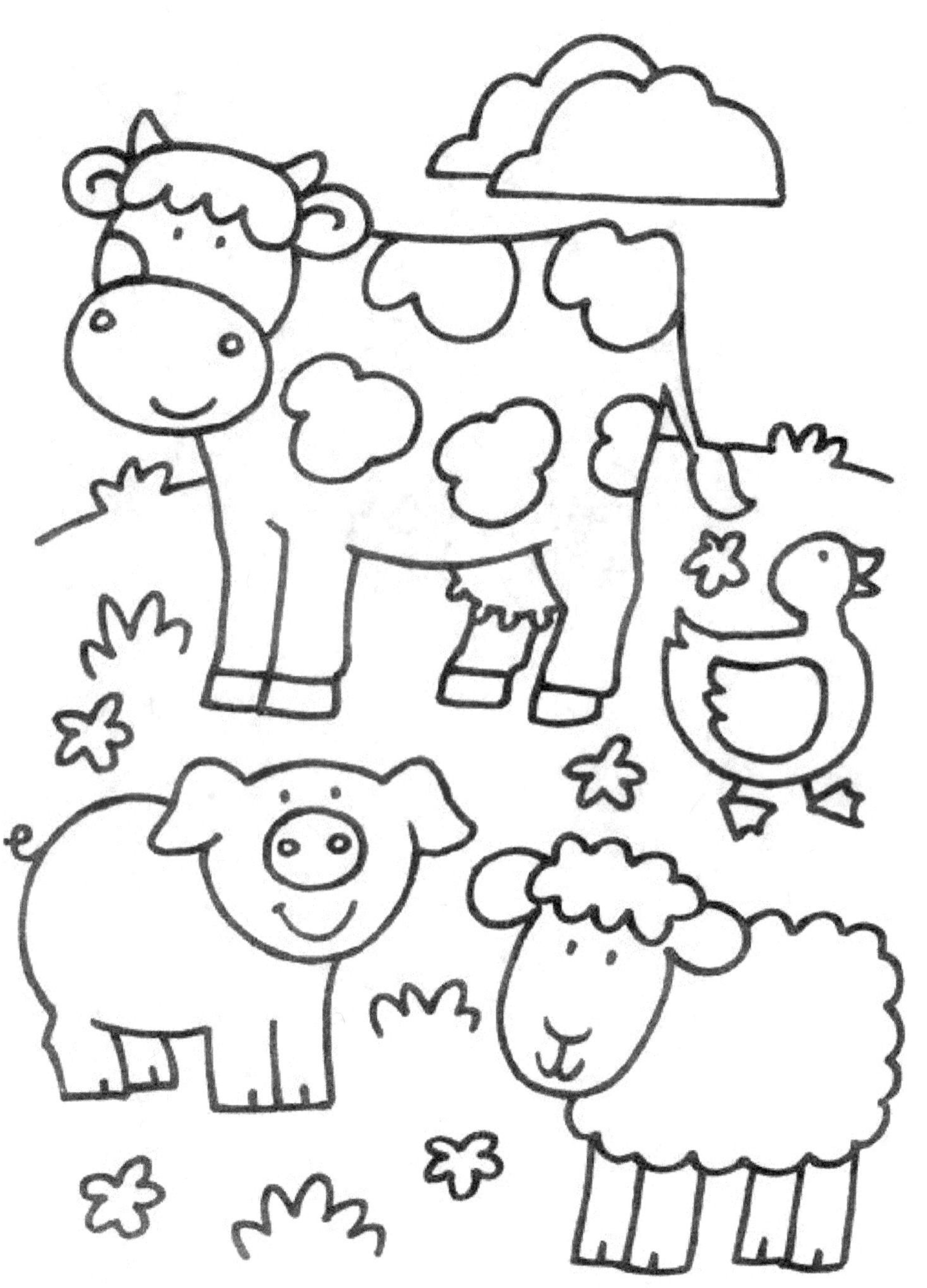

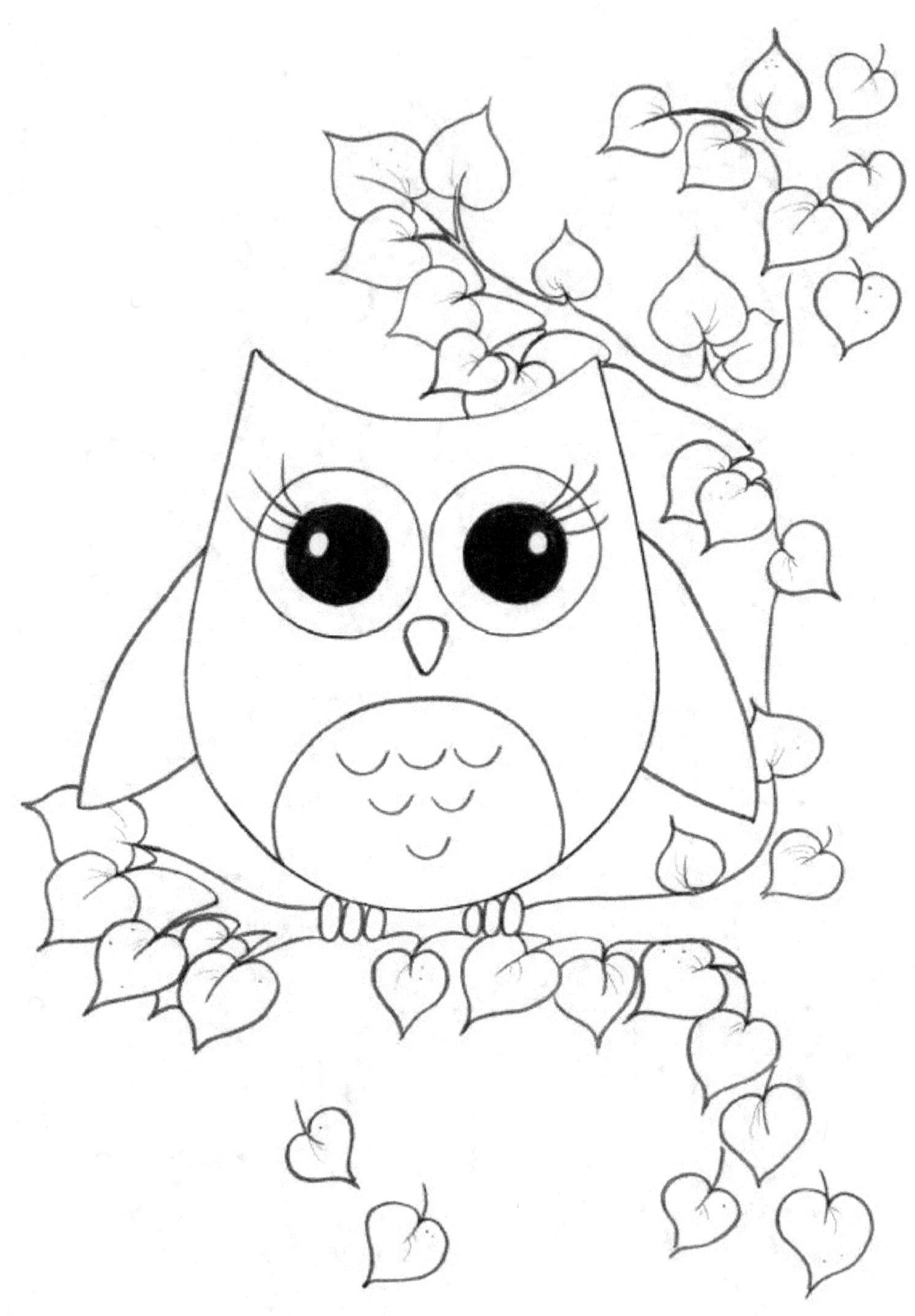

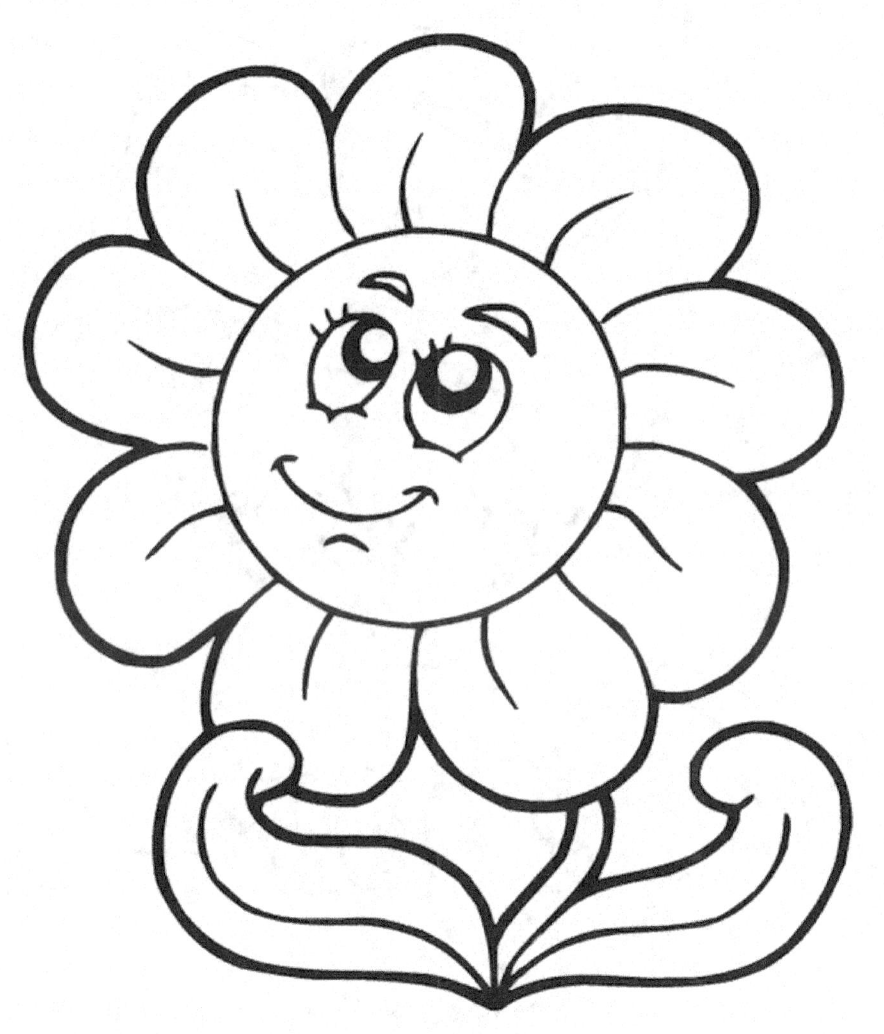

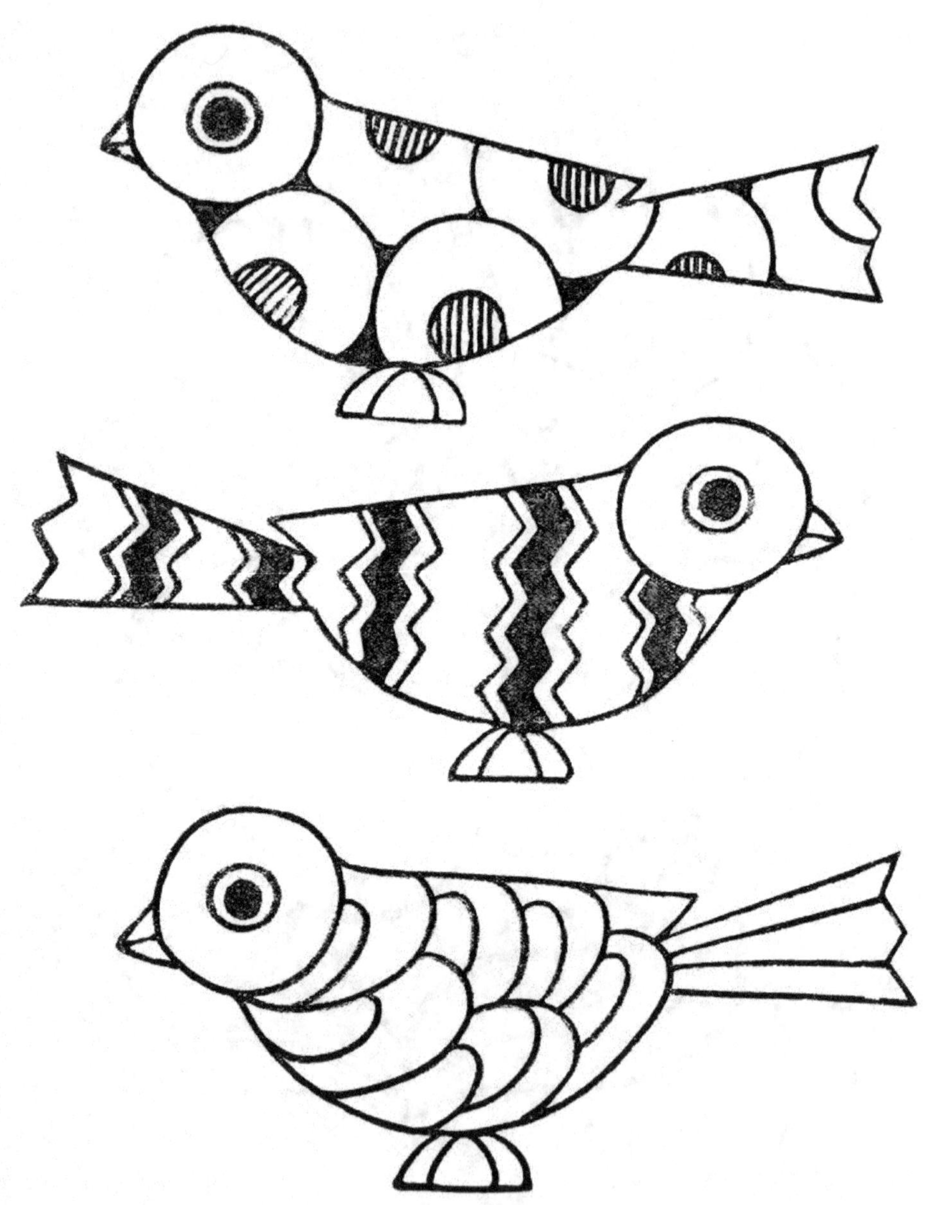

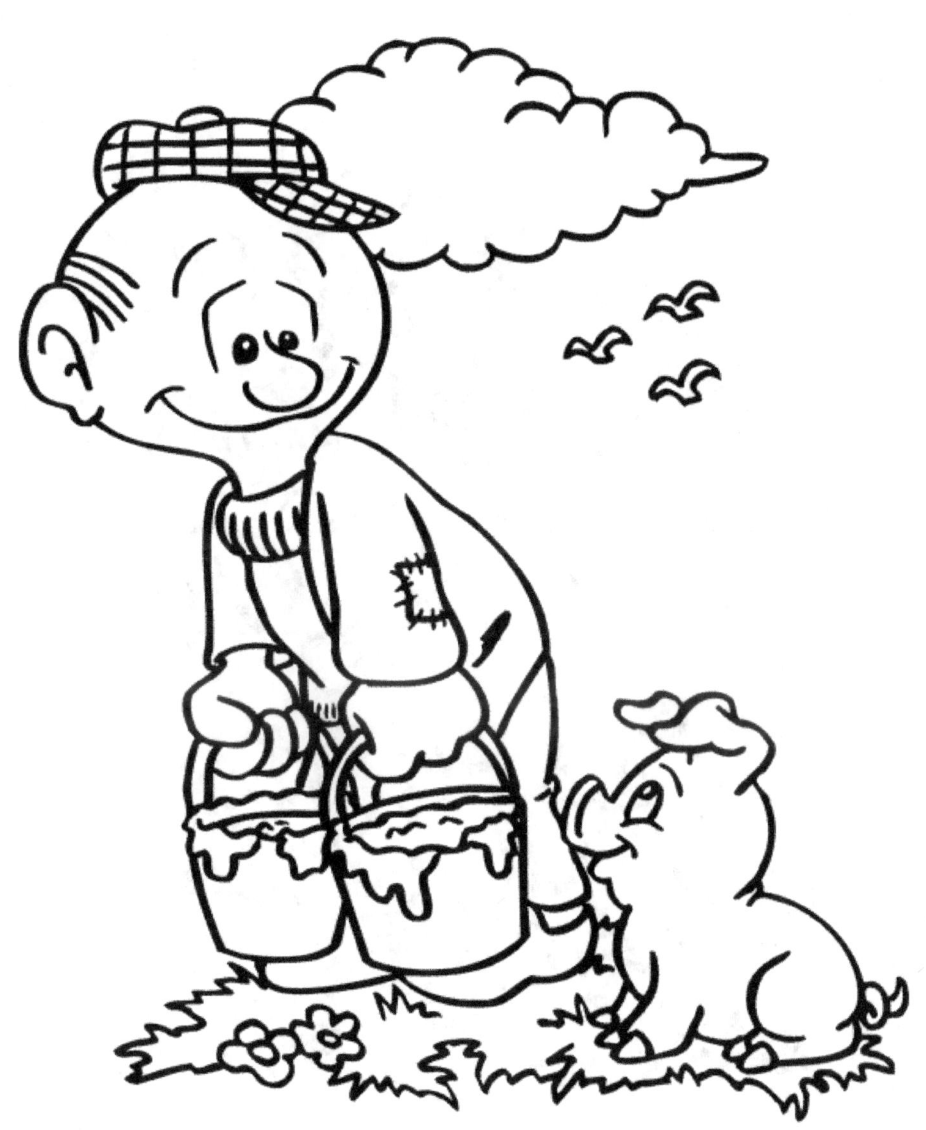

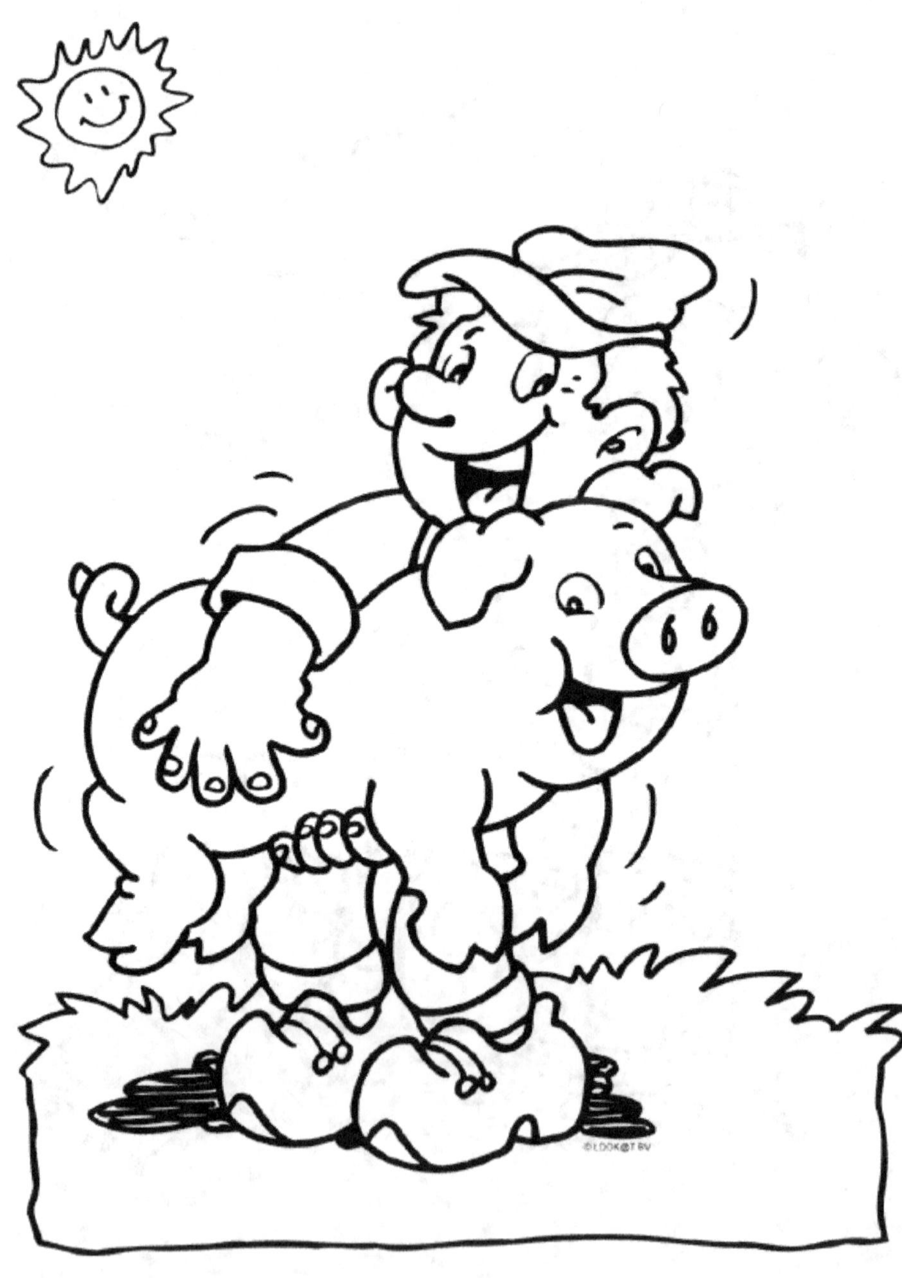

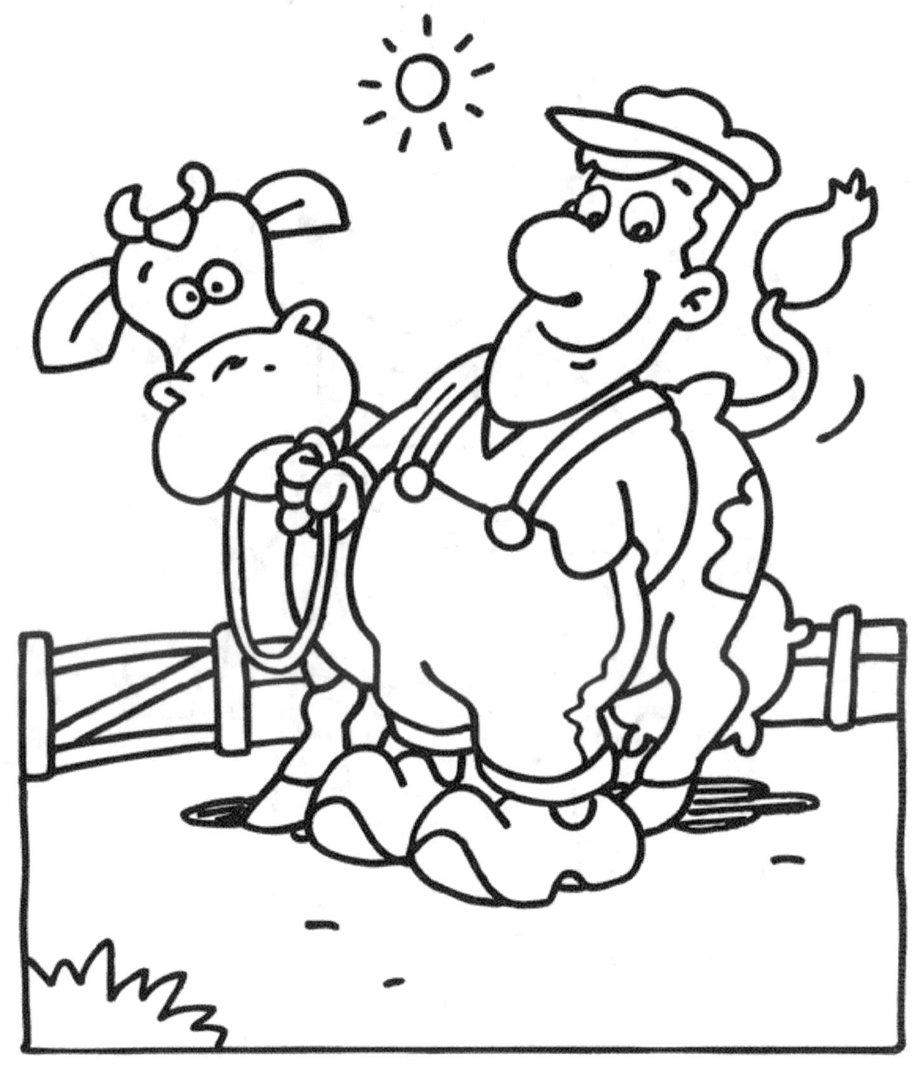

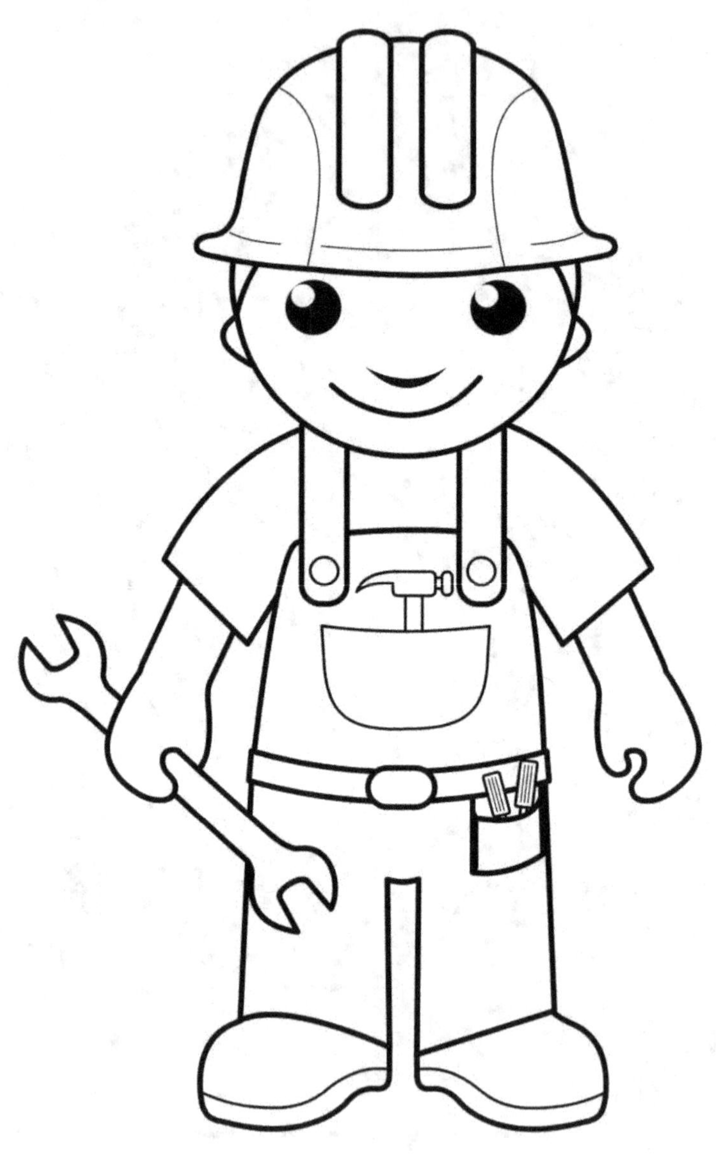

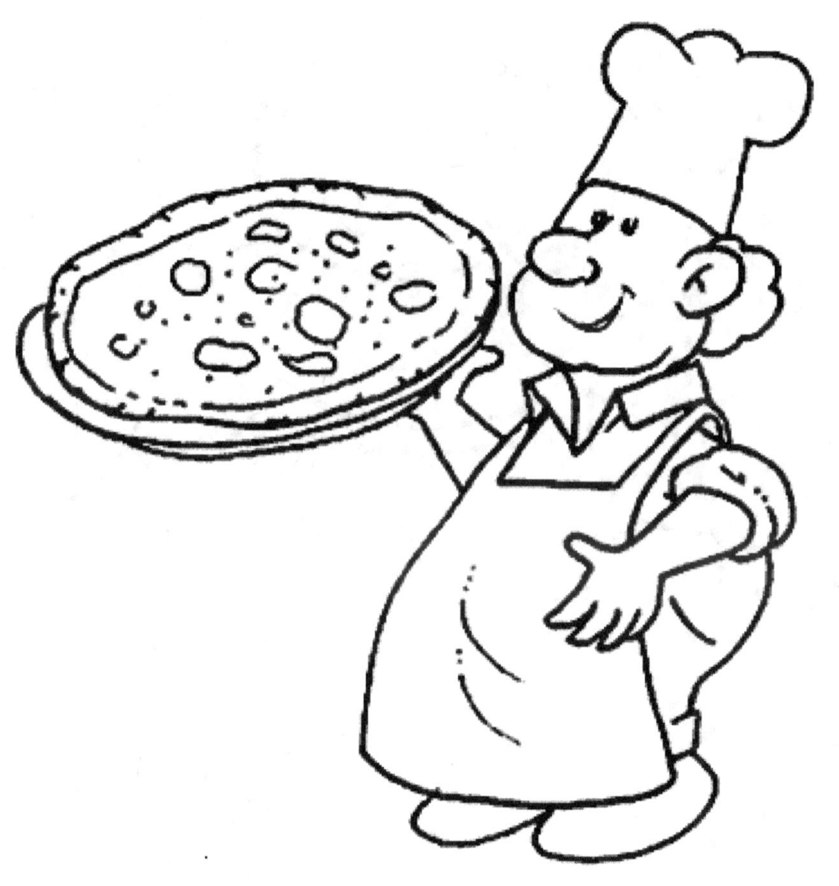

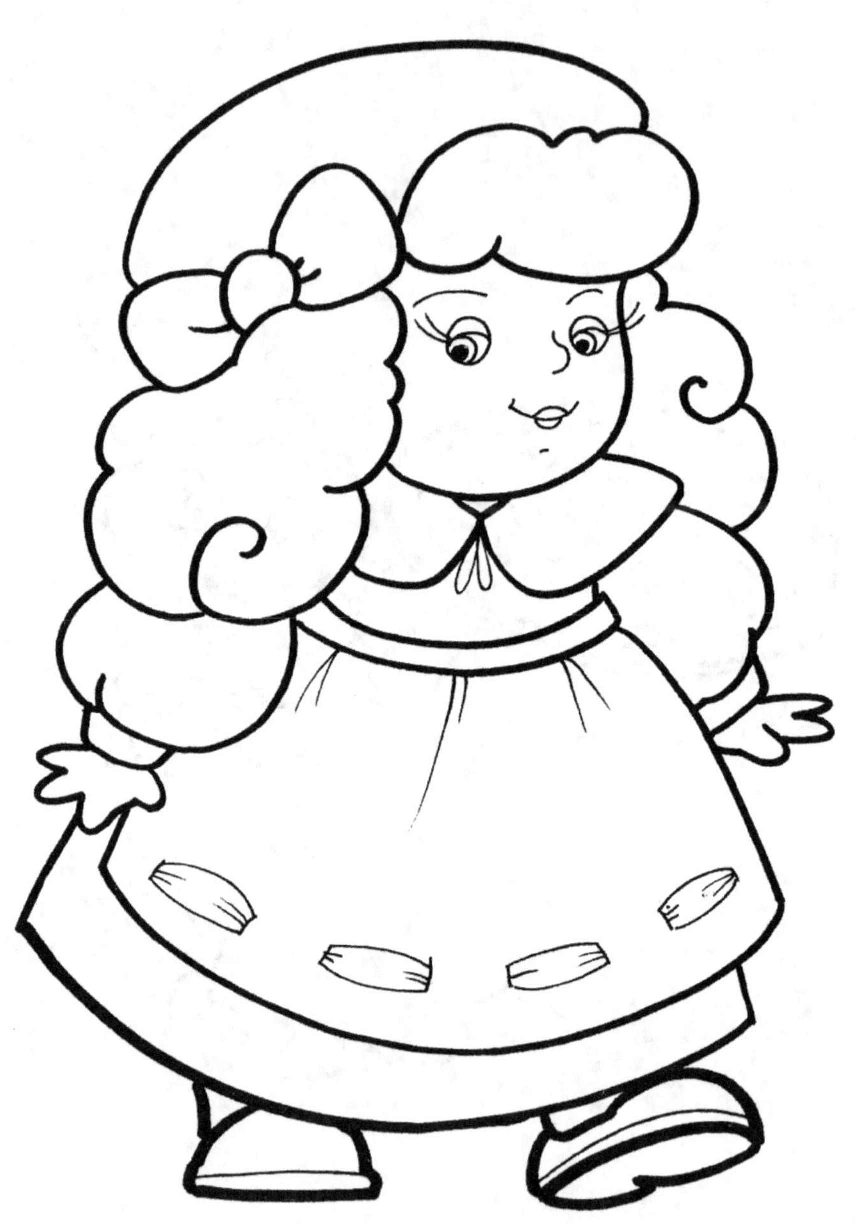

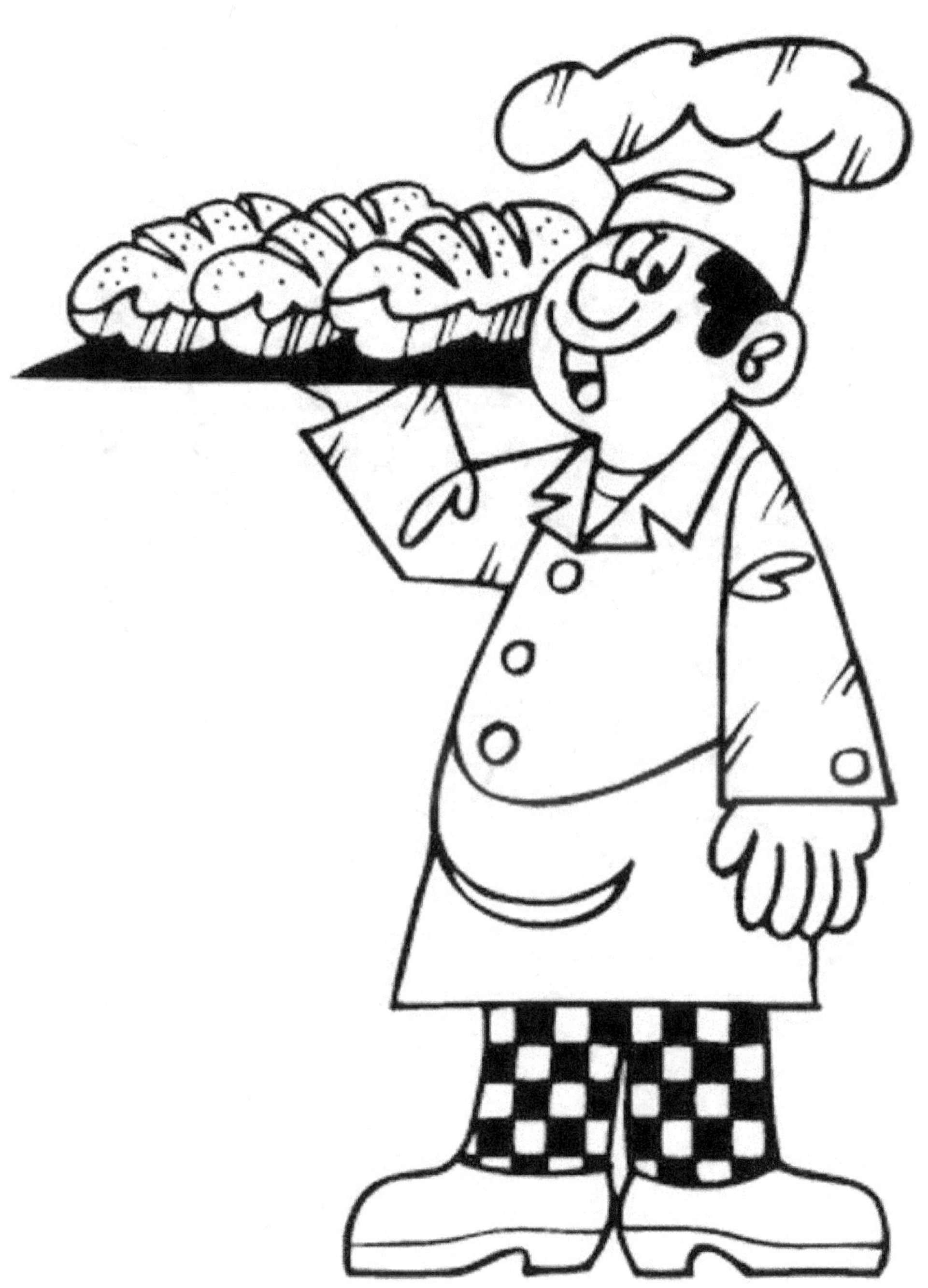

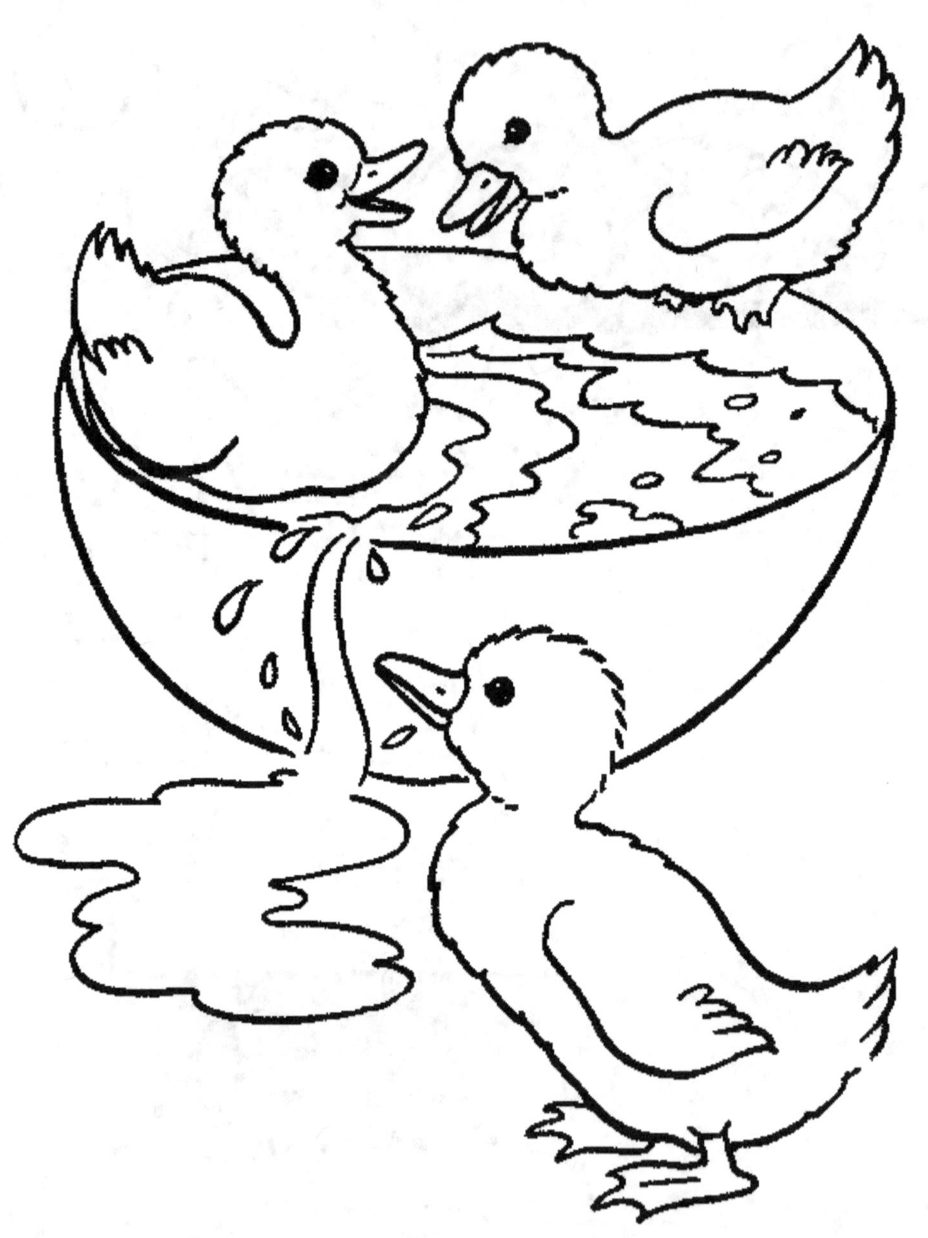

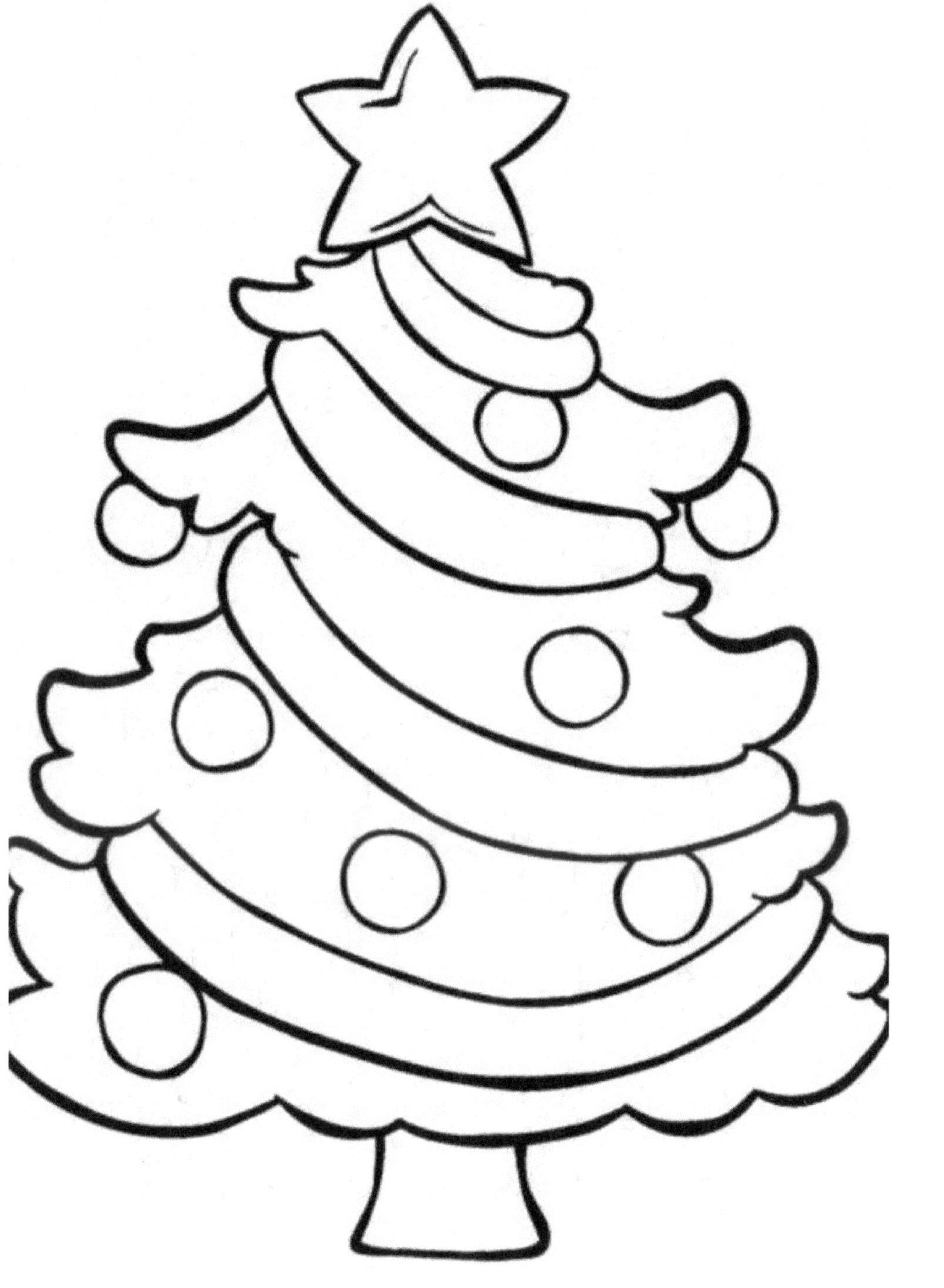

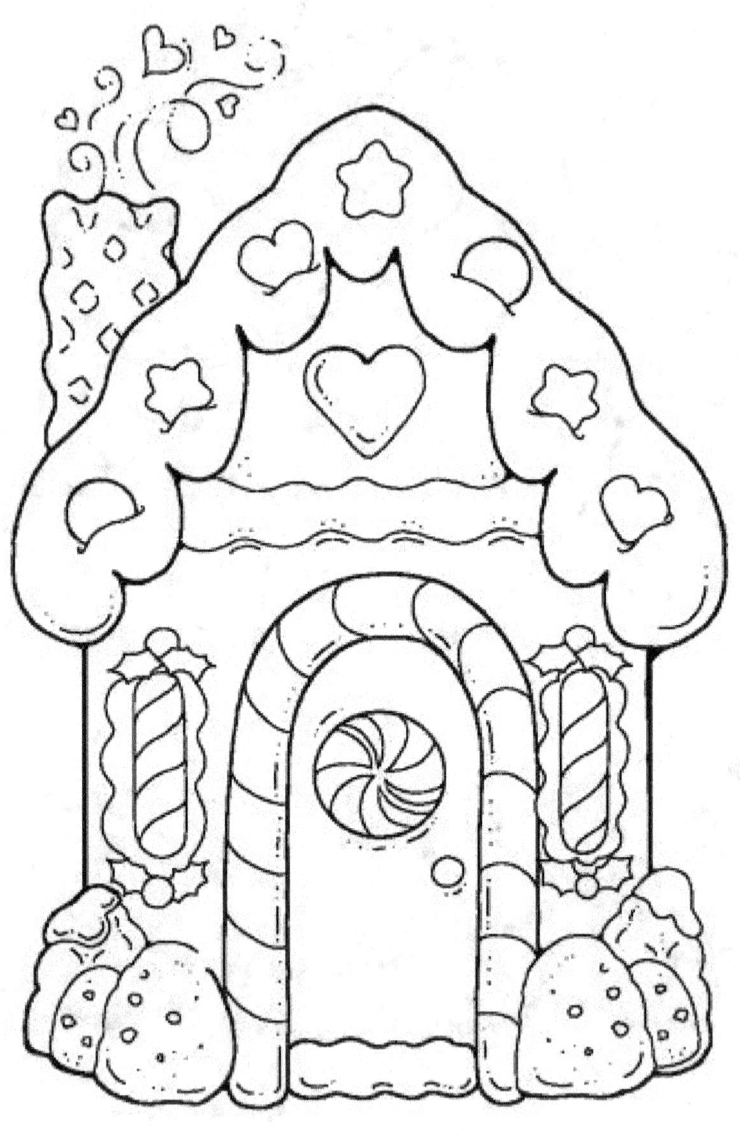

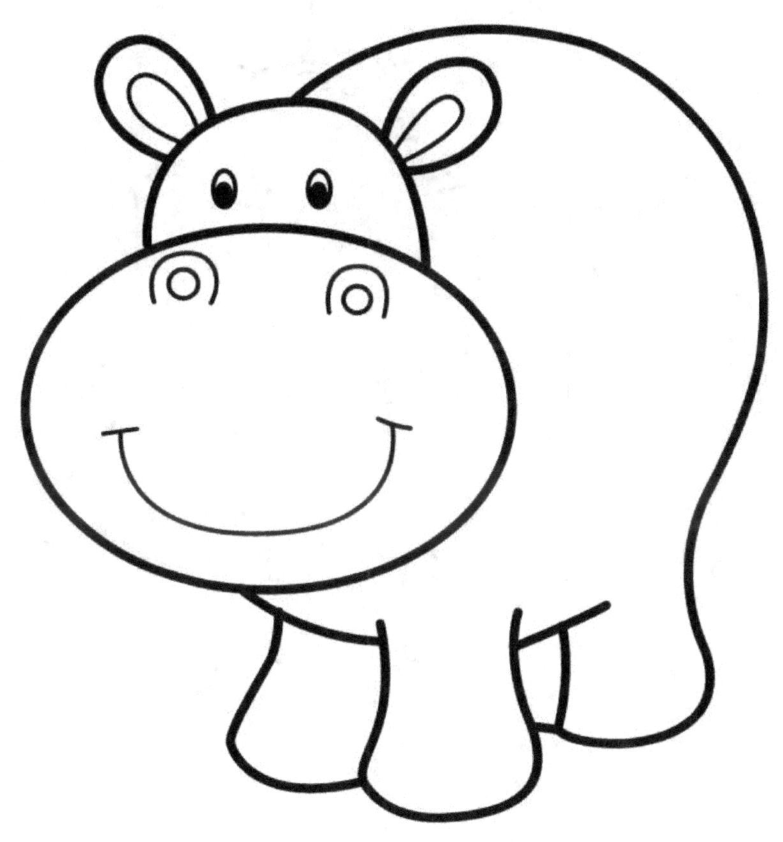

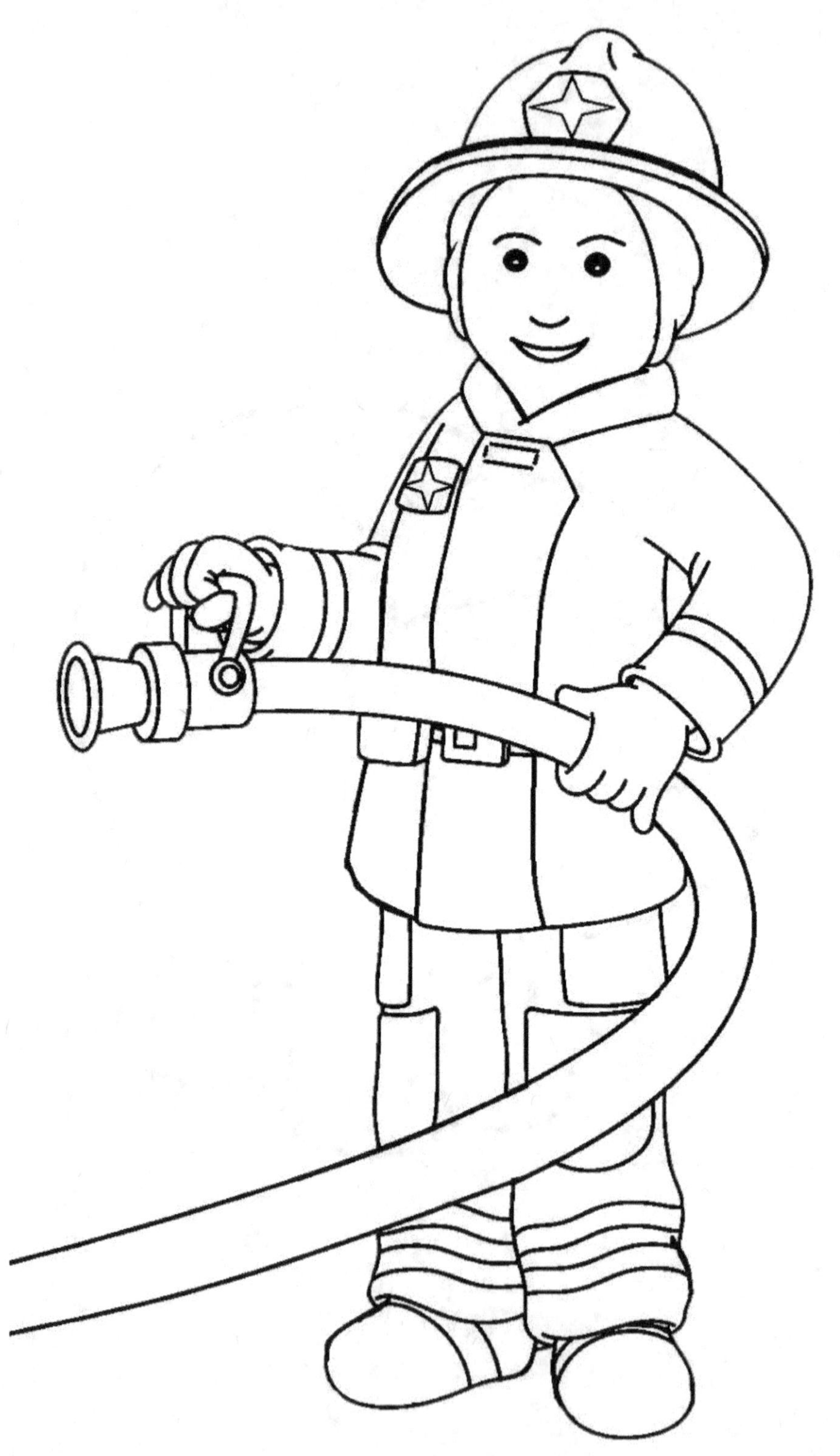

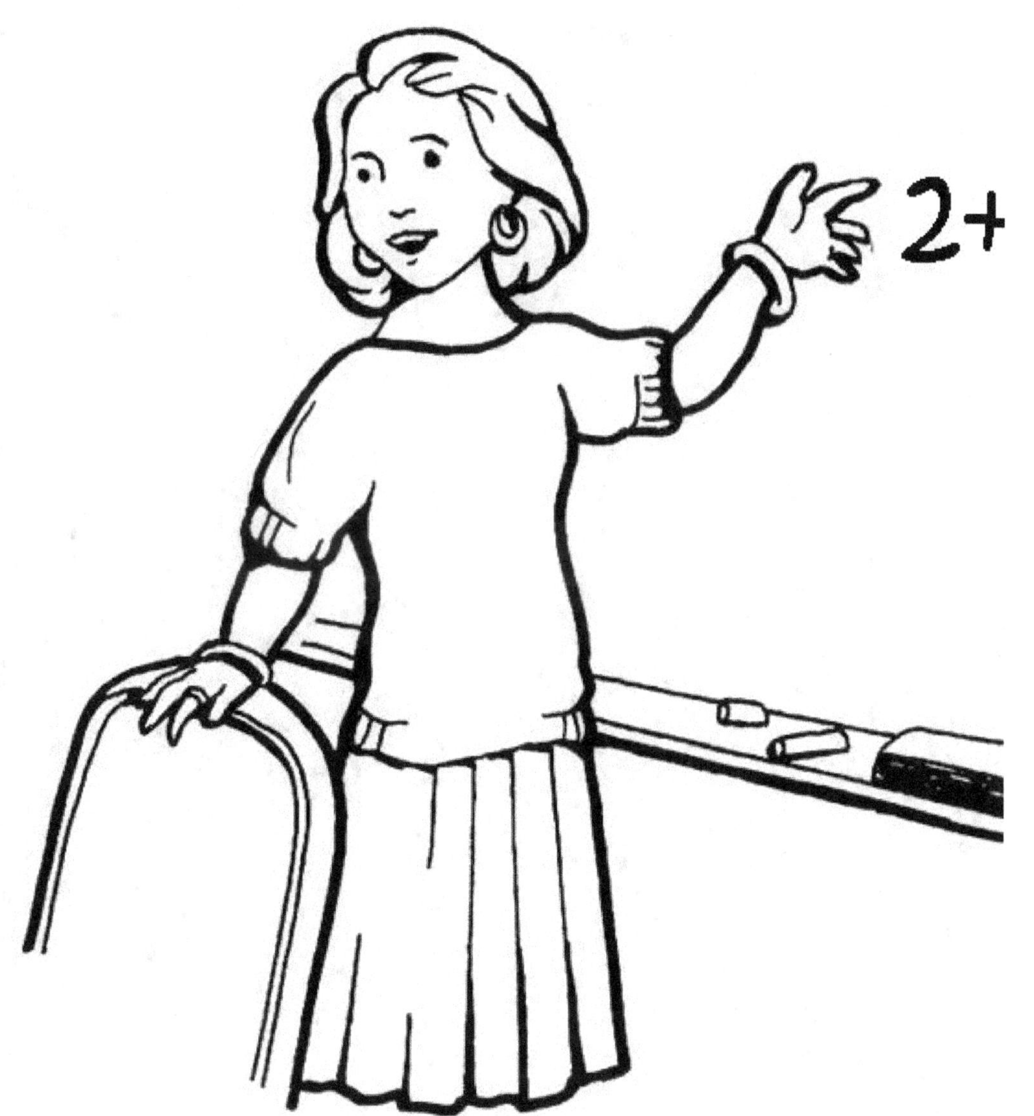

2+

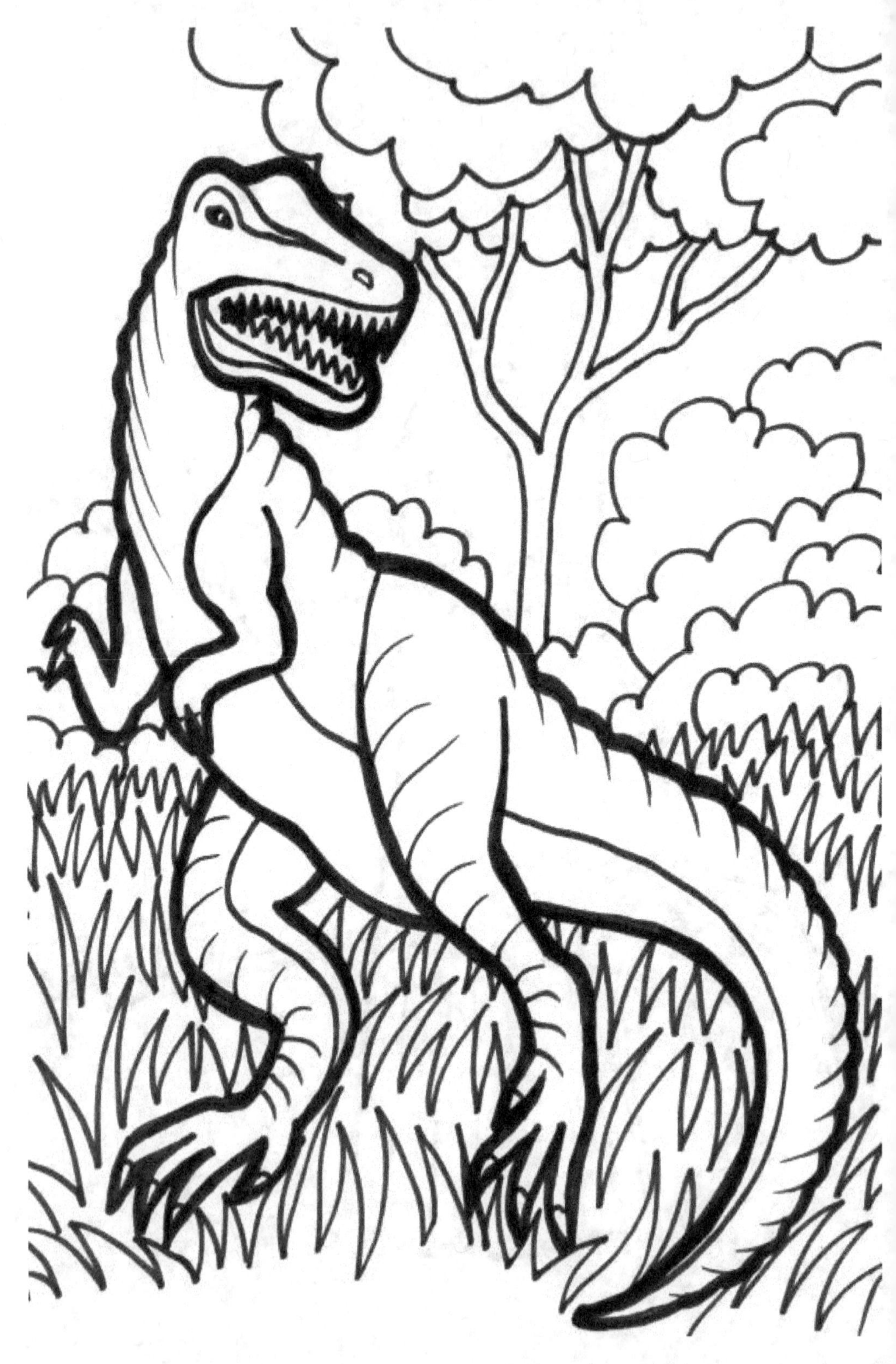

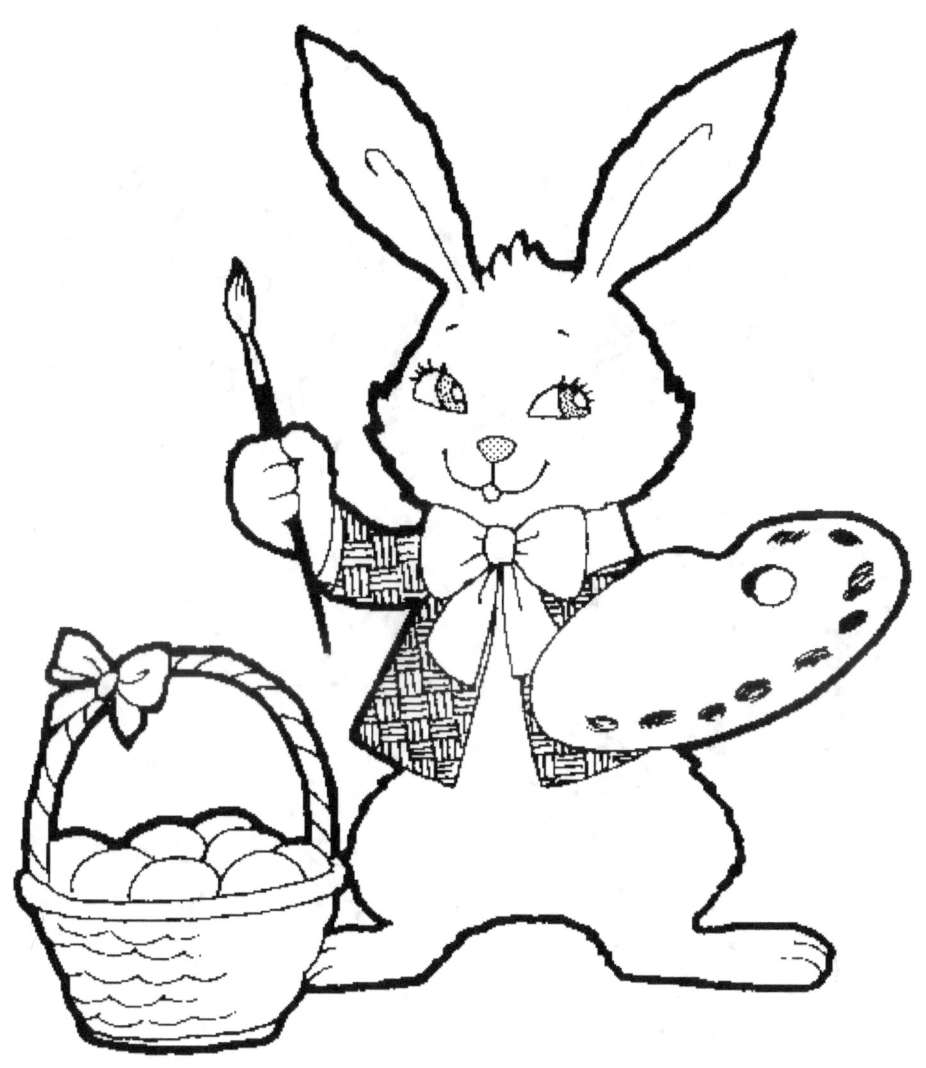

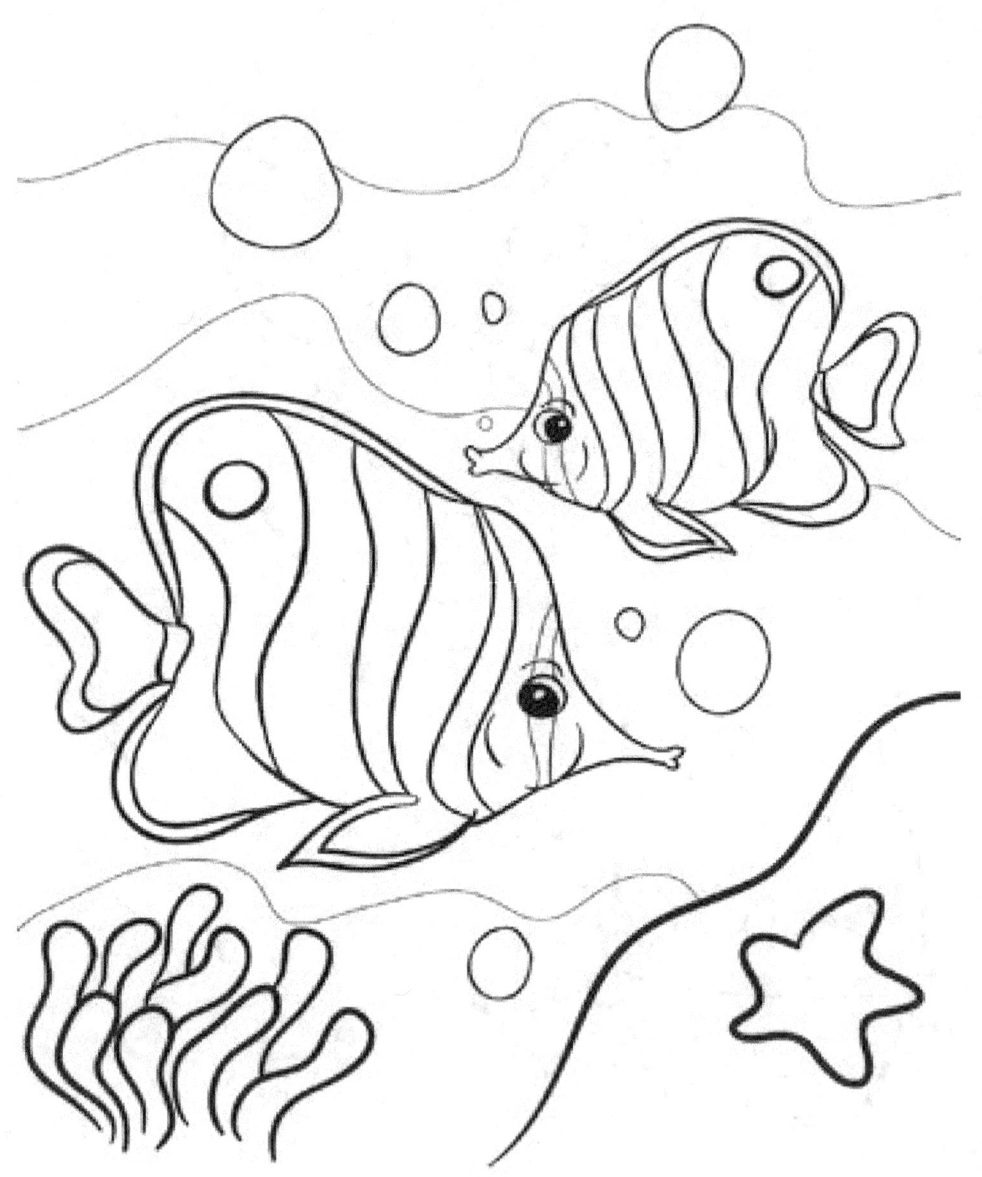

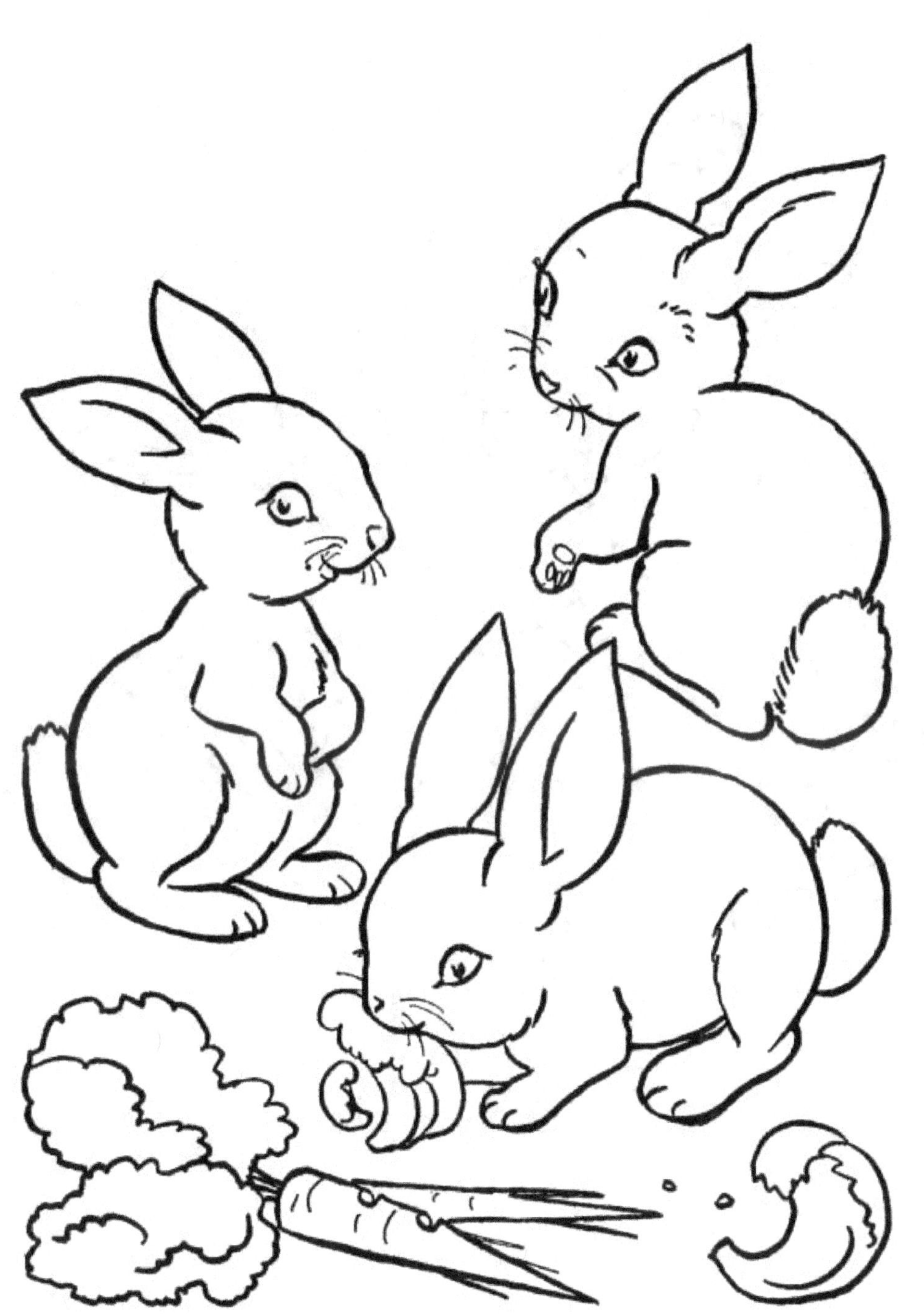

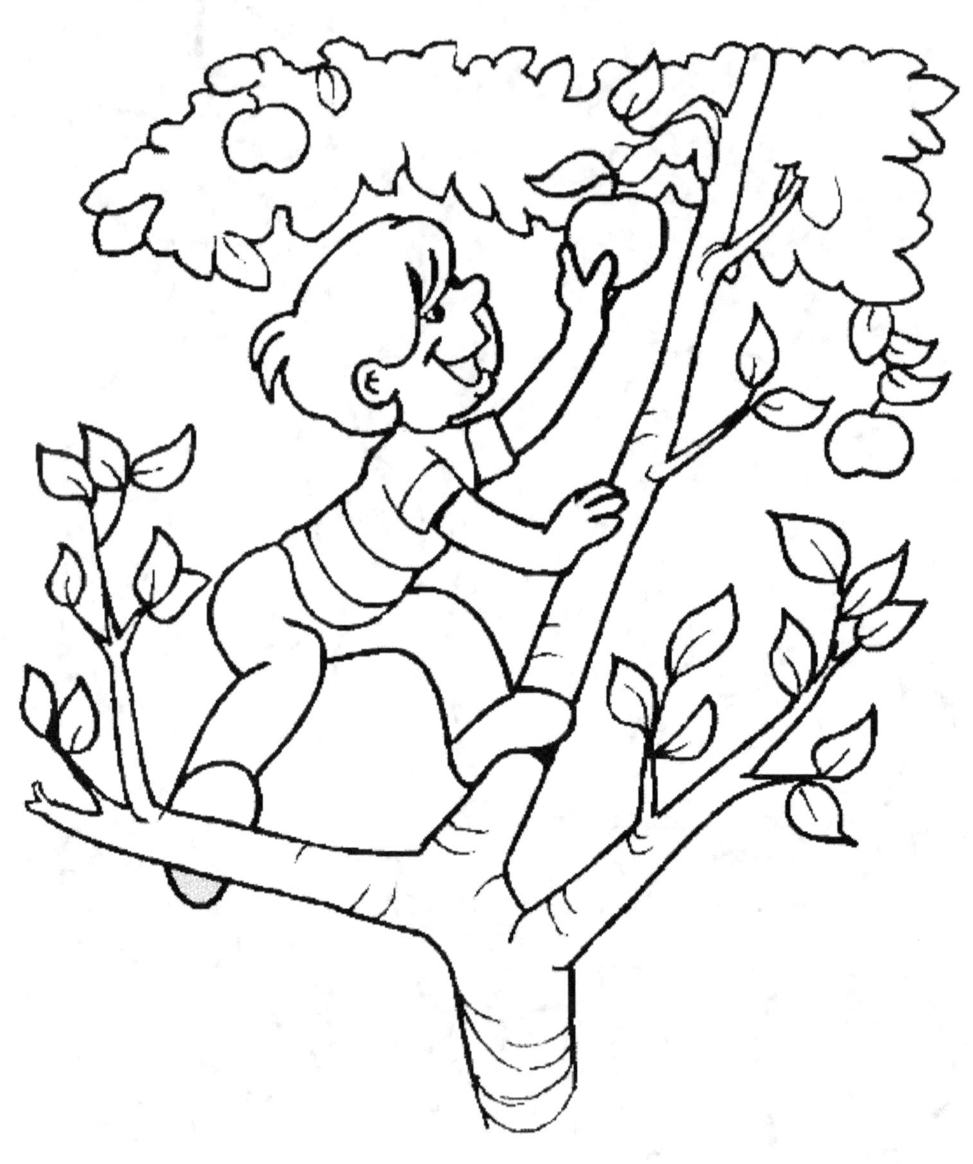

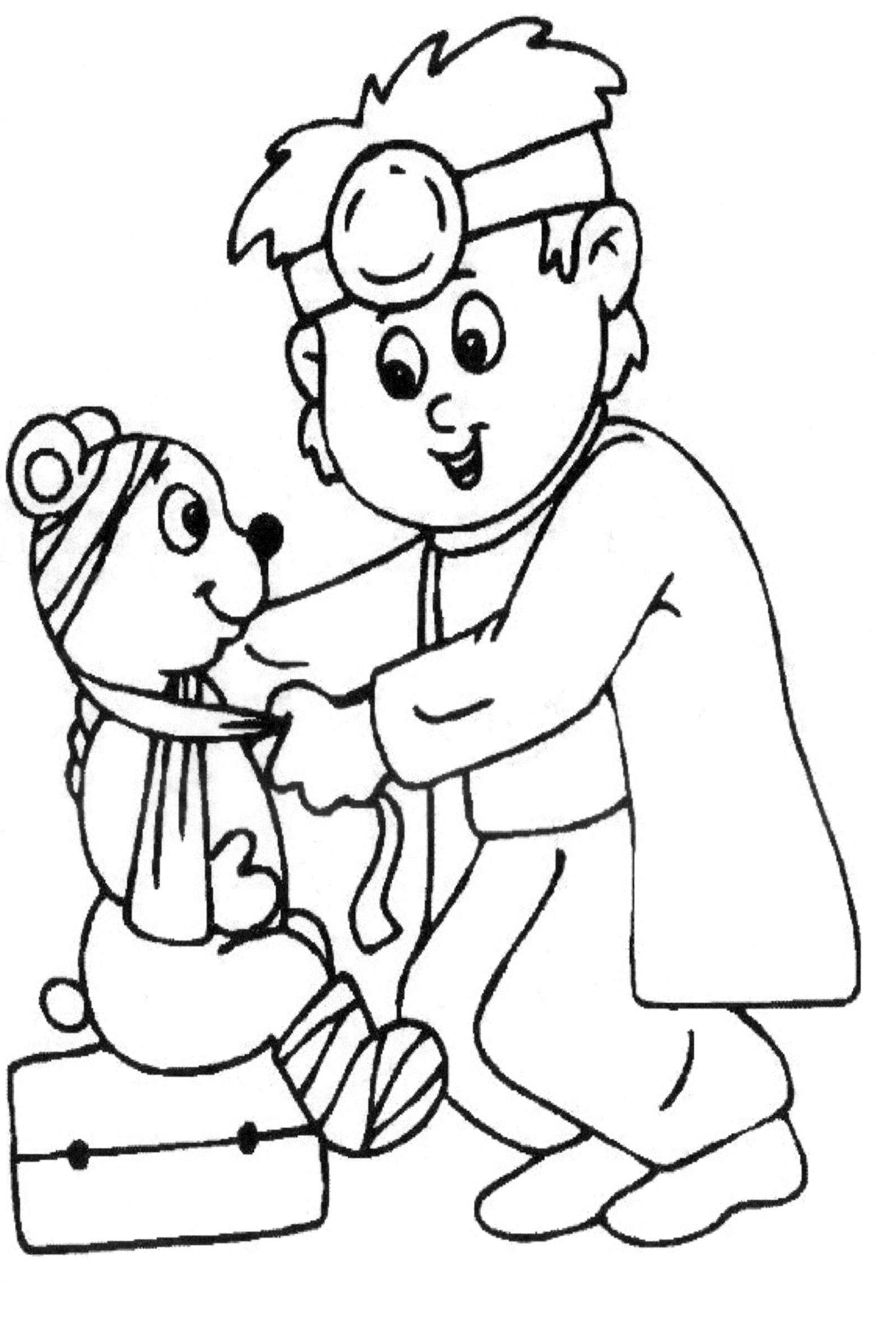

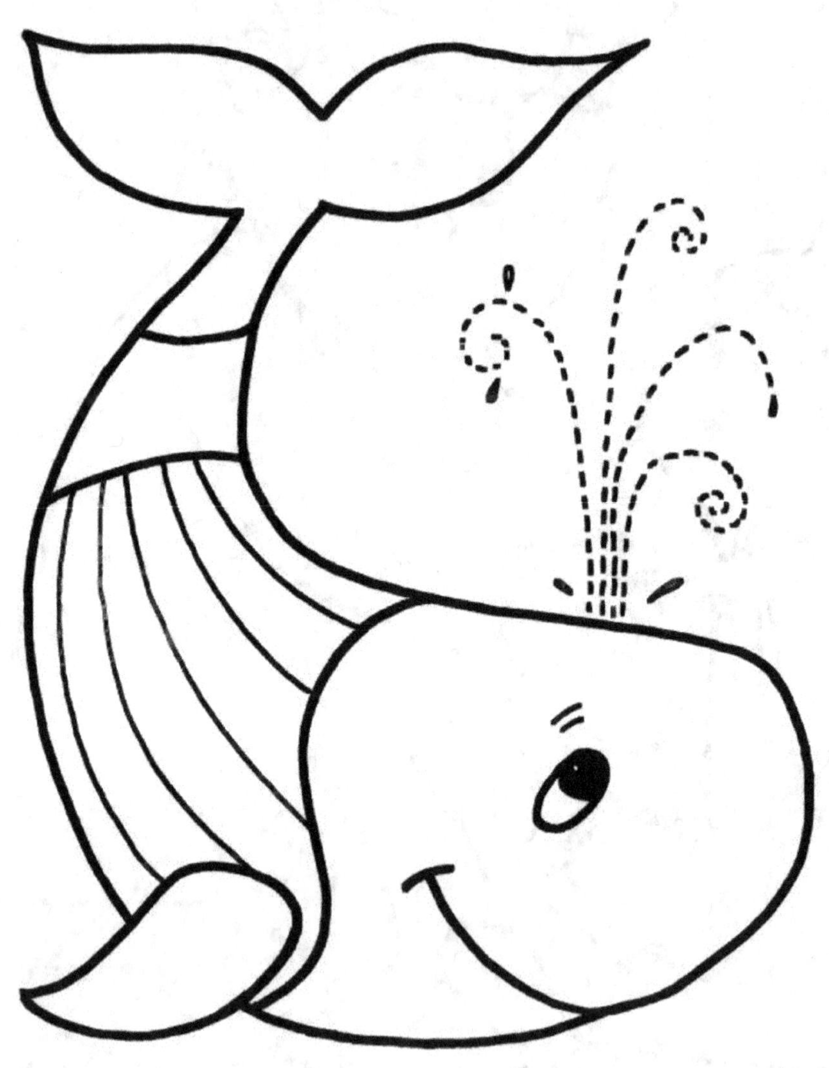

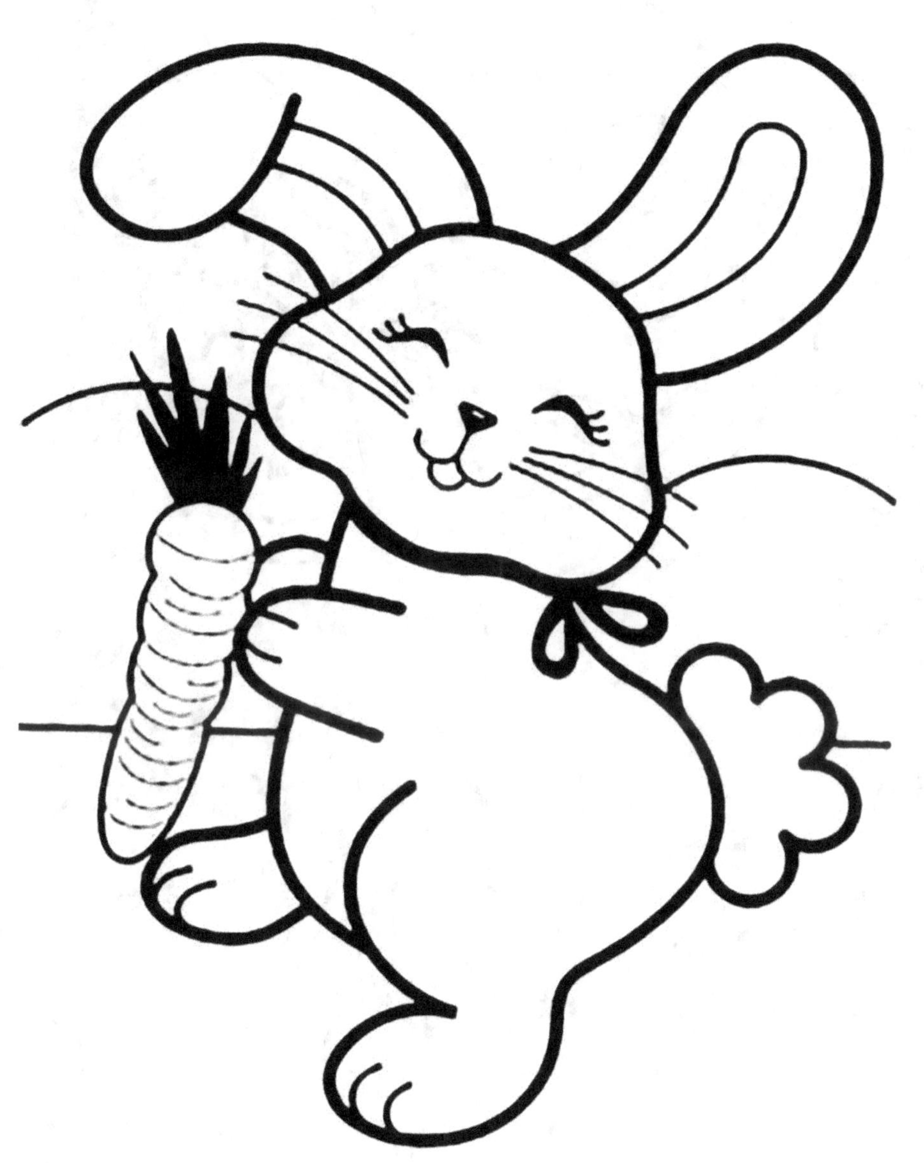

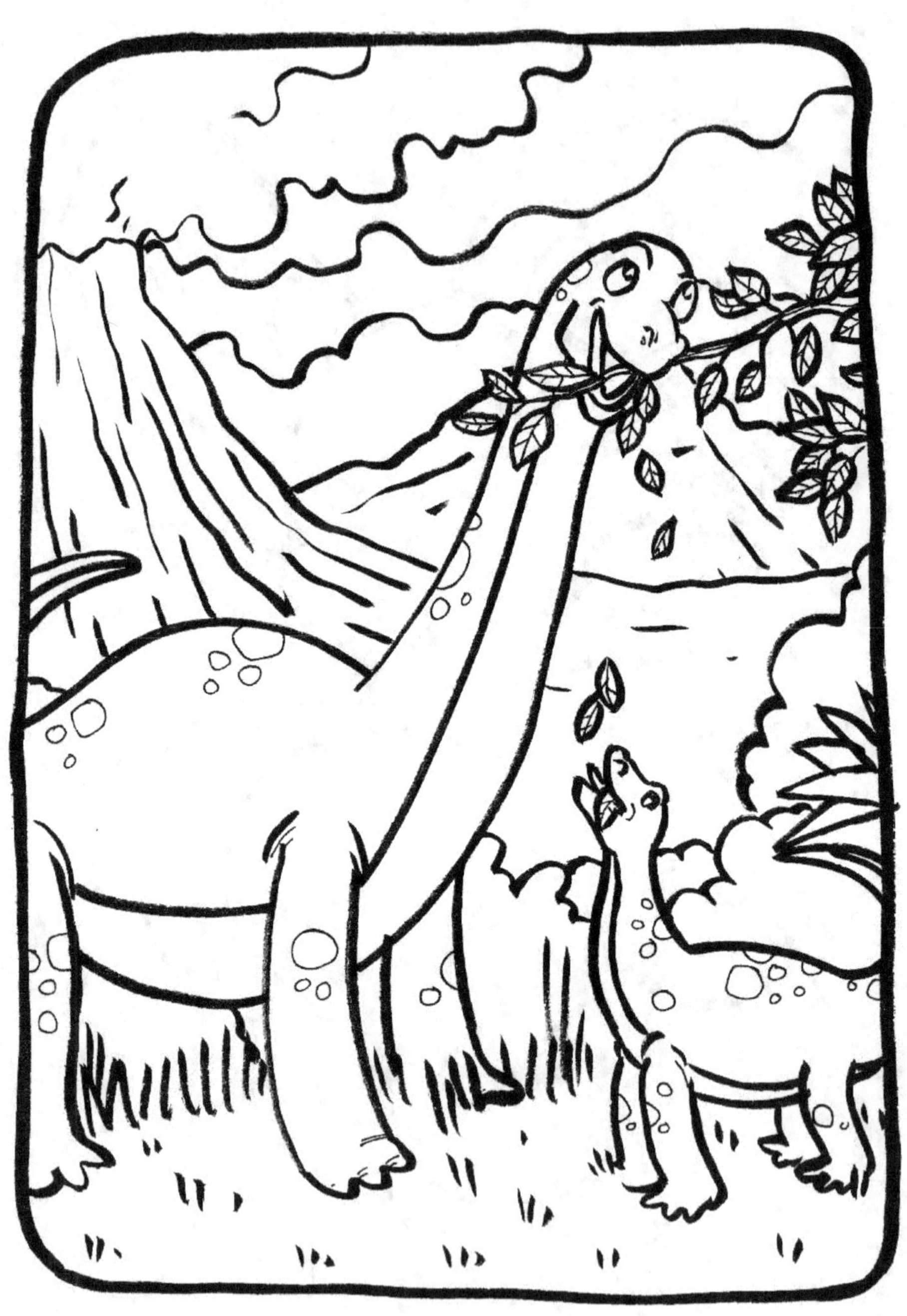

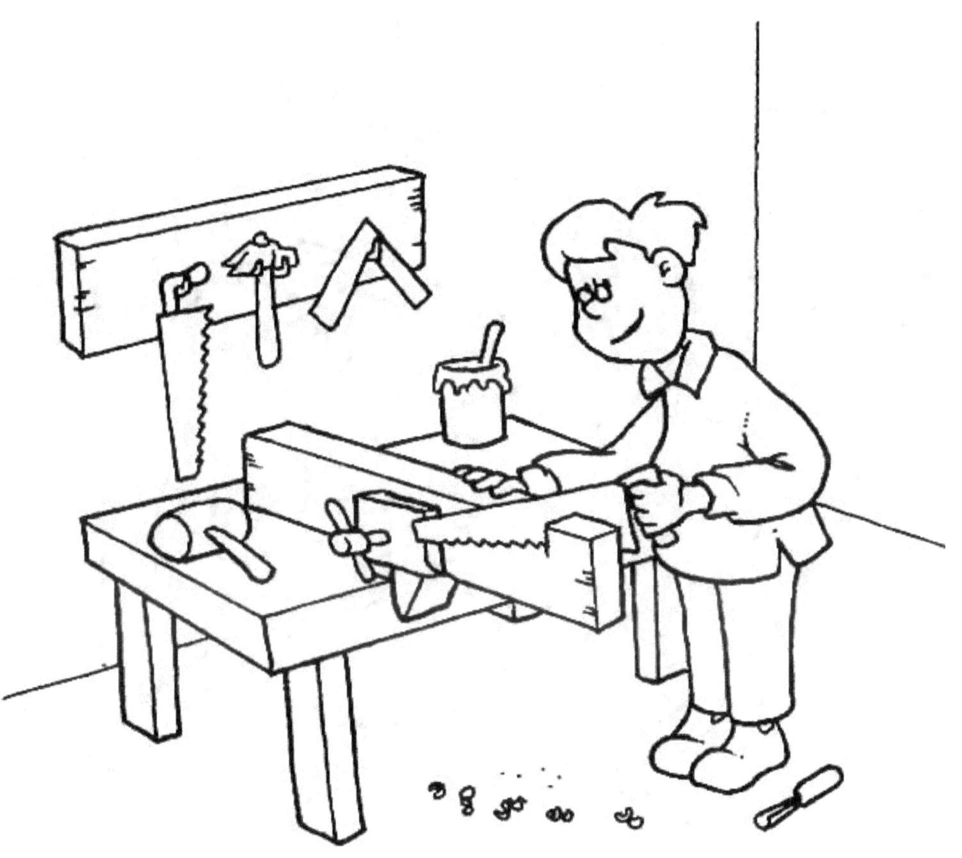

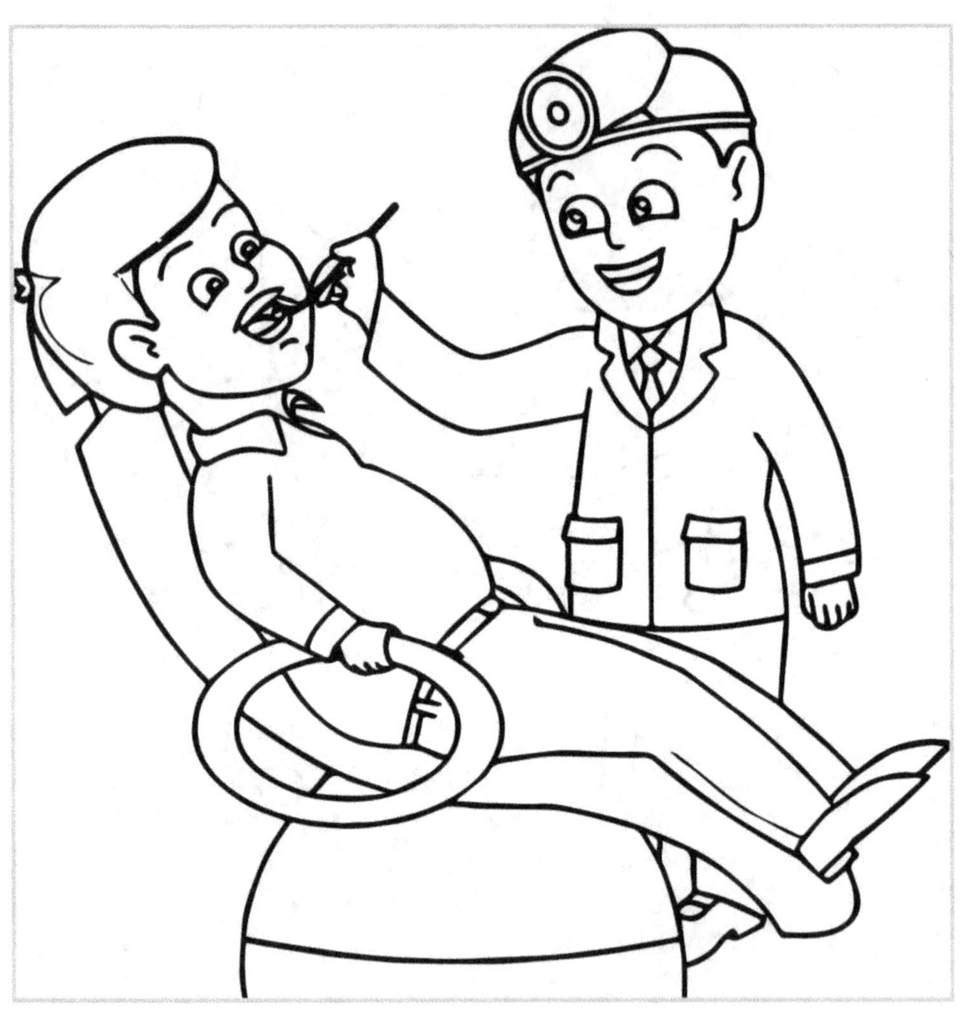

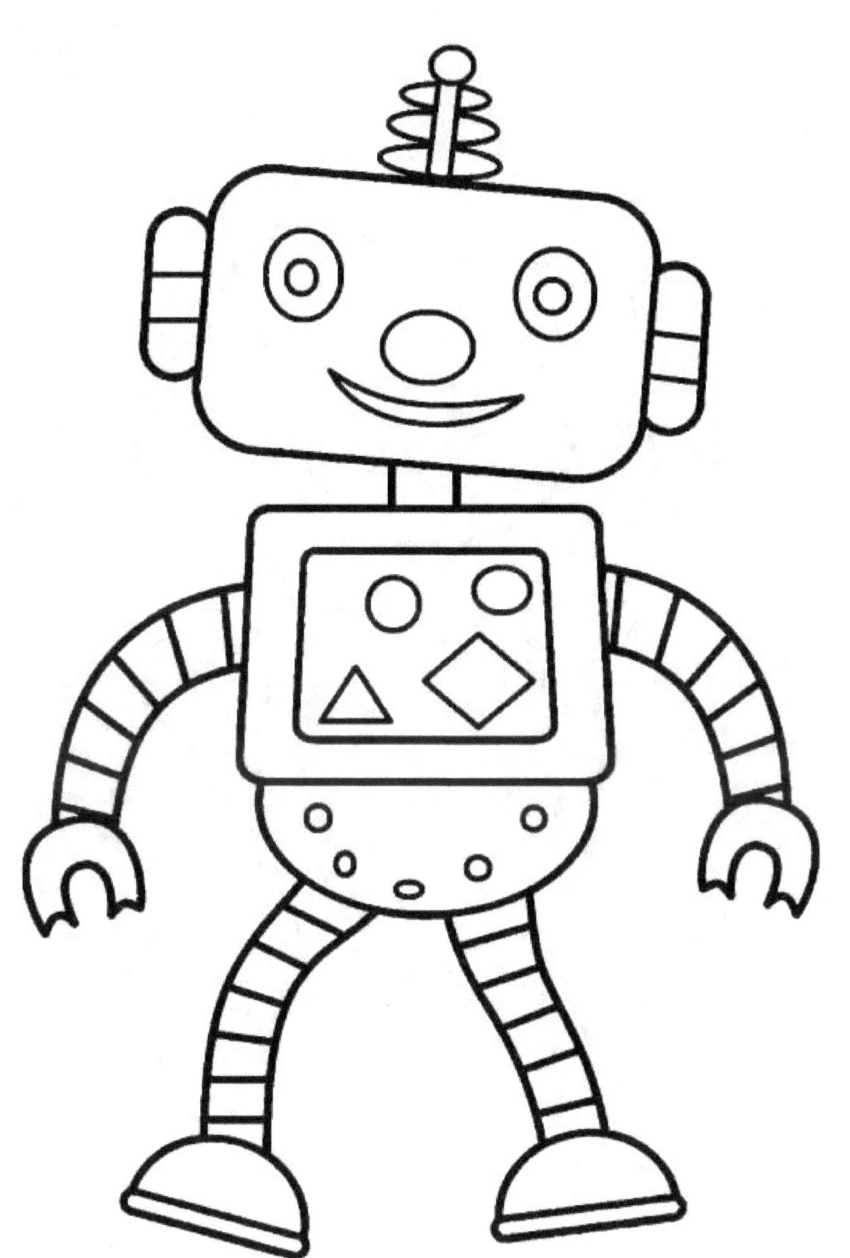

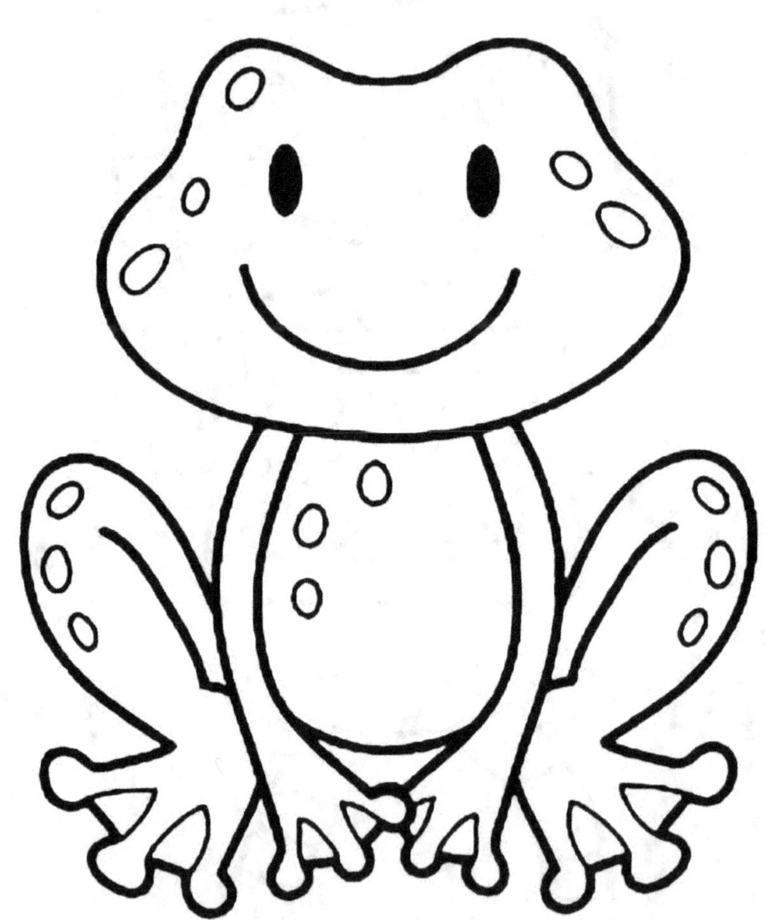

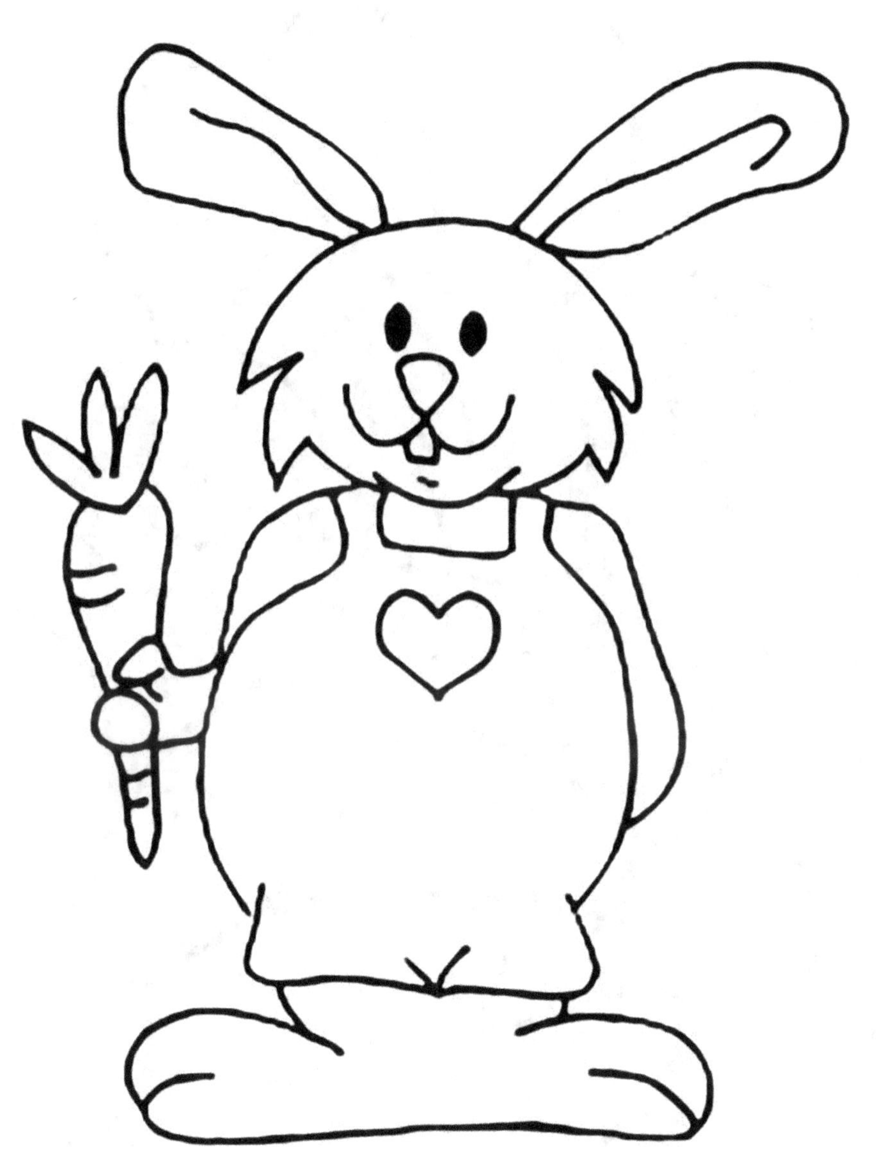

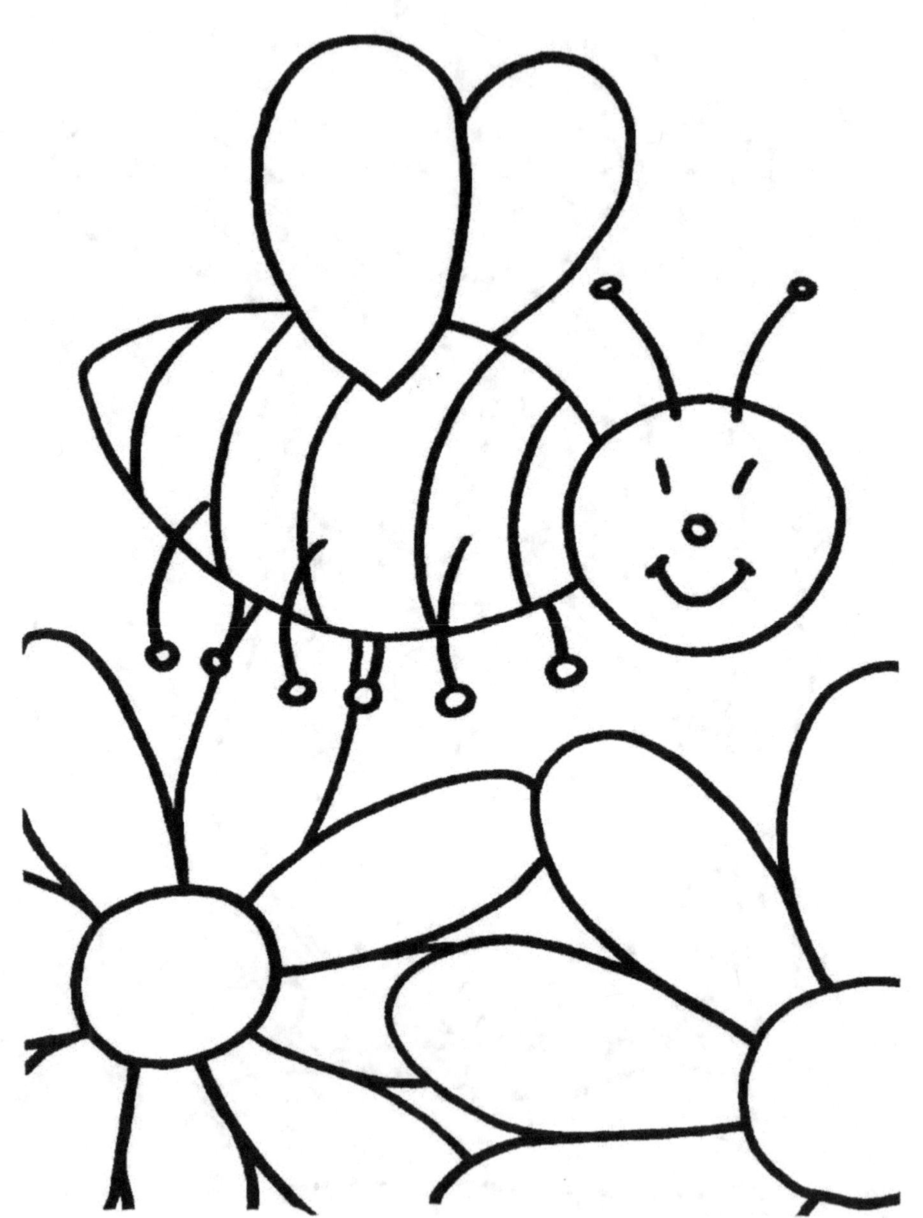

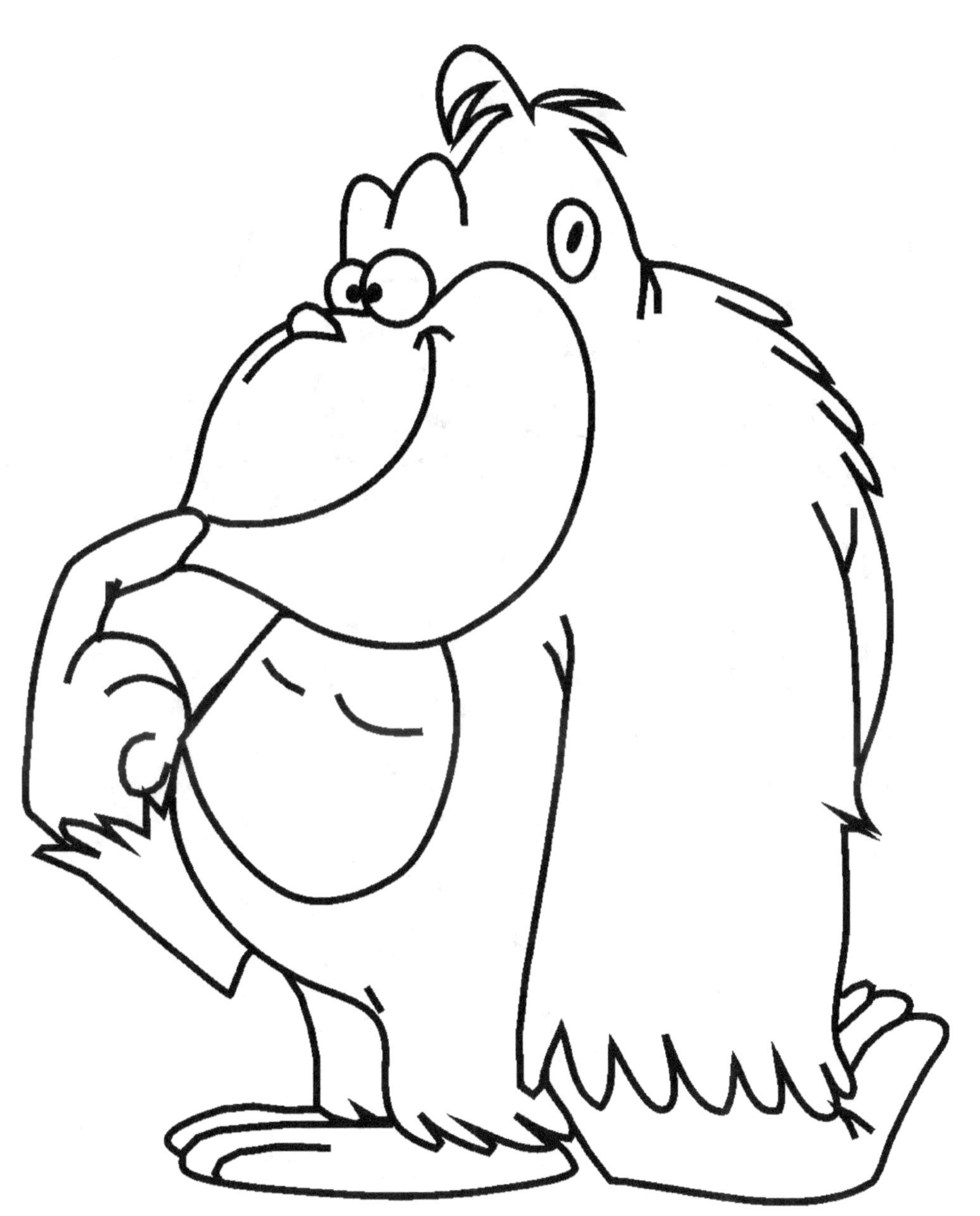

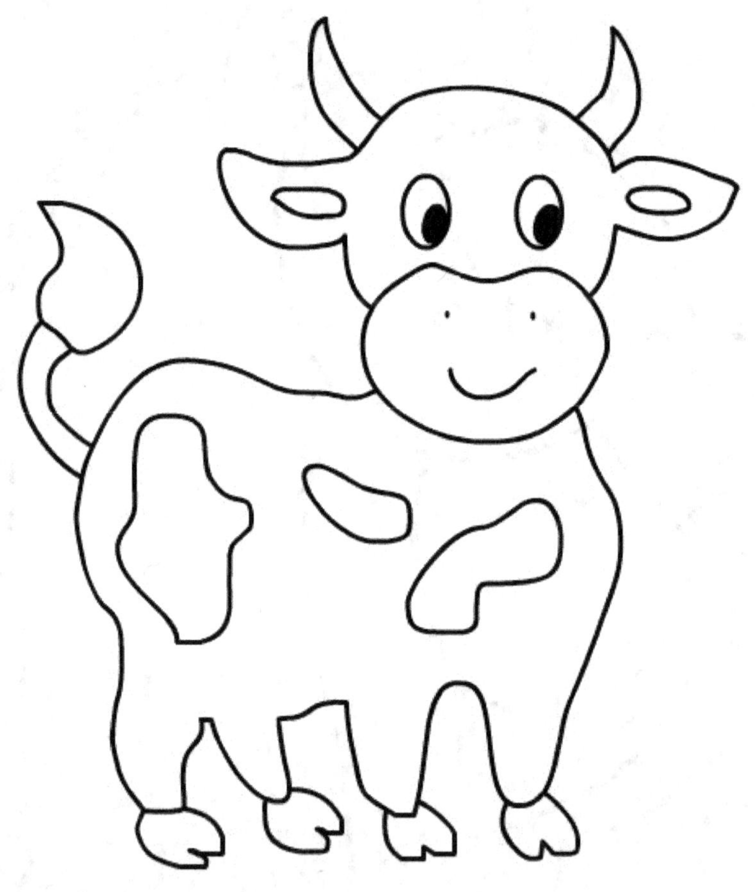

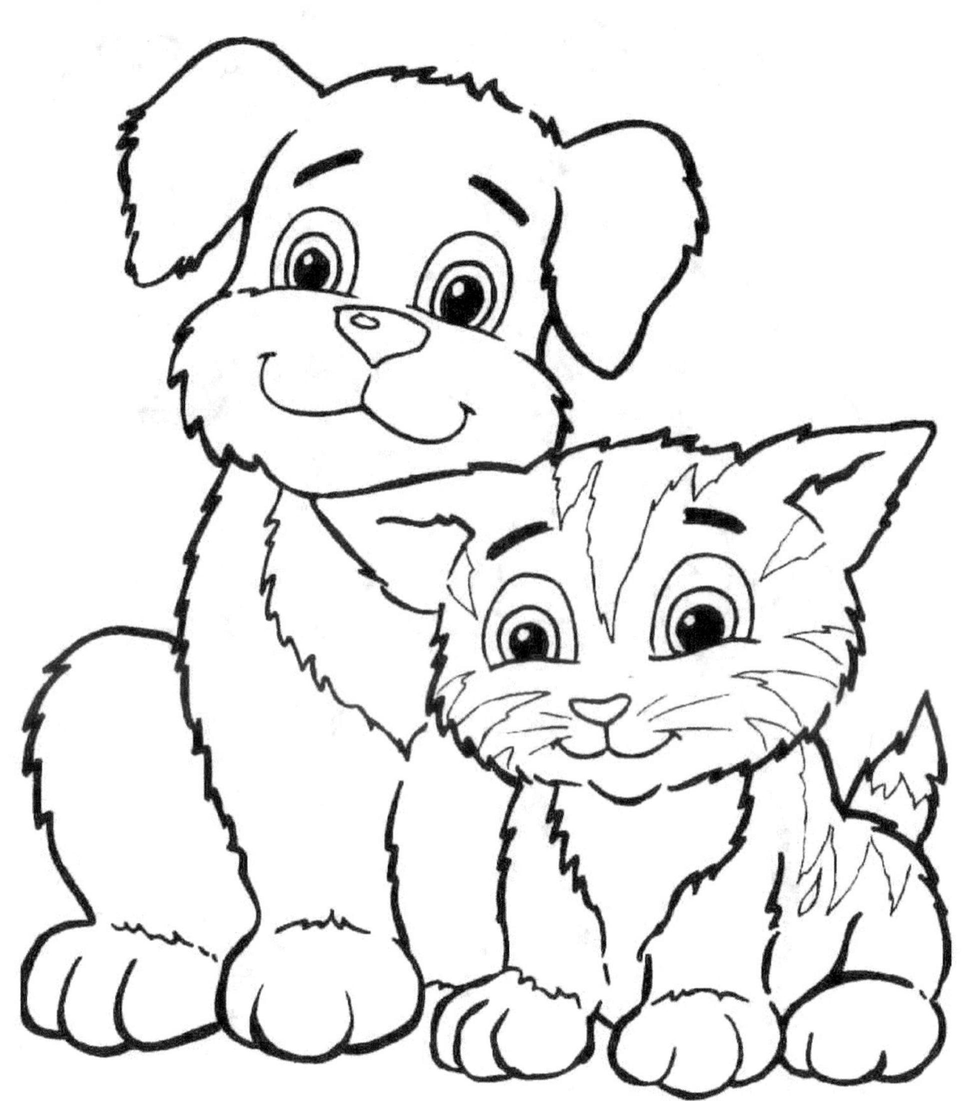

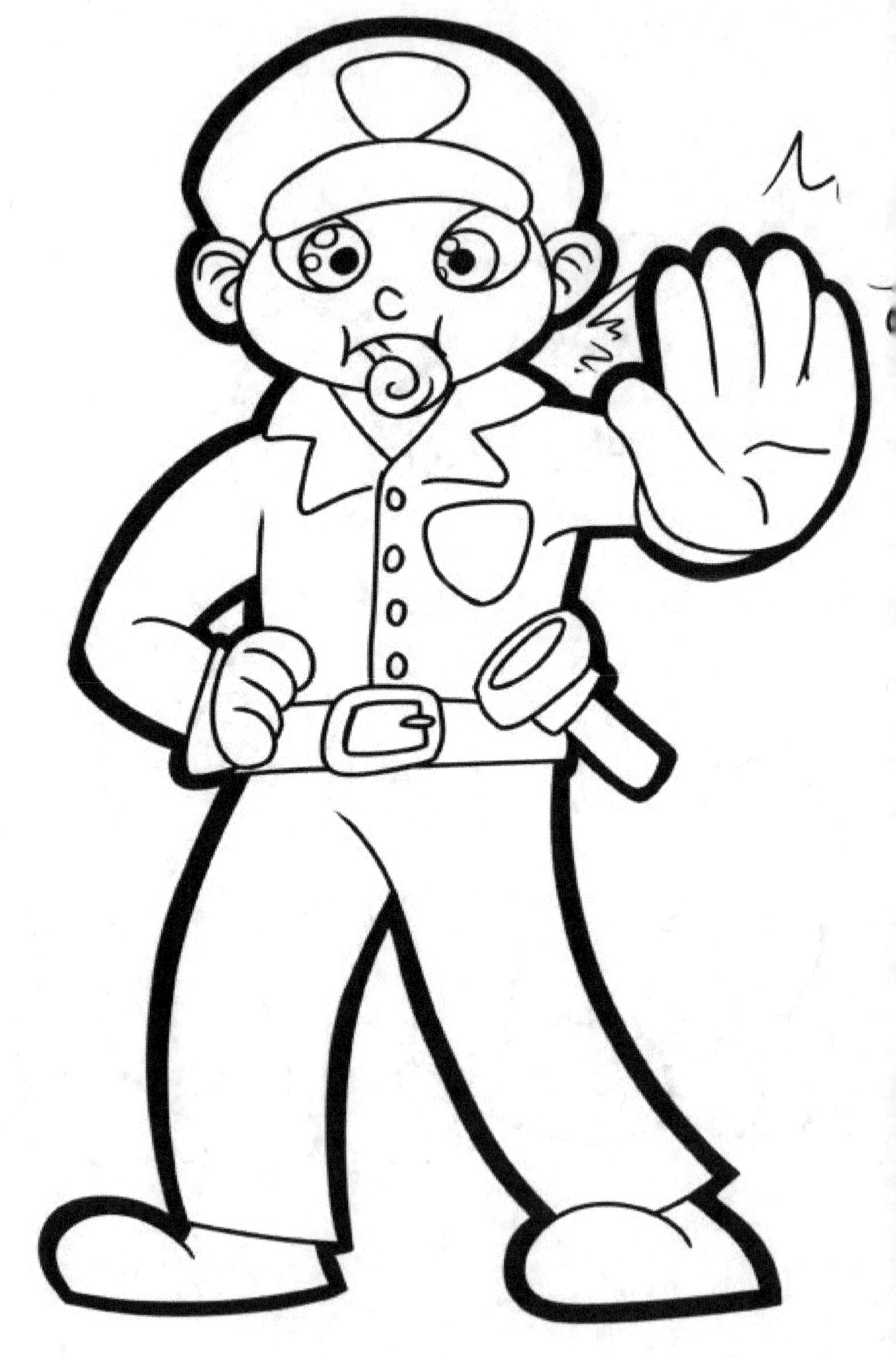

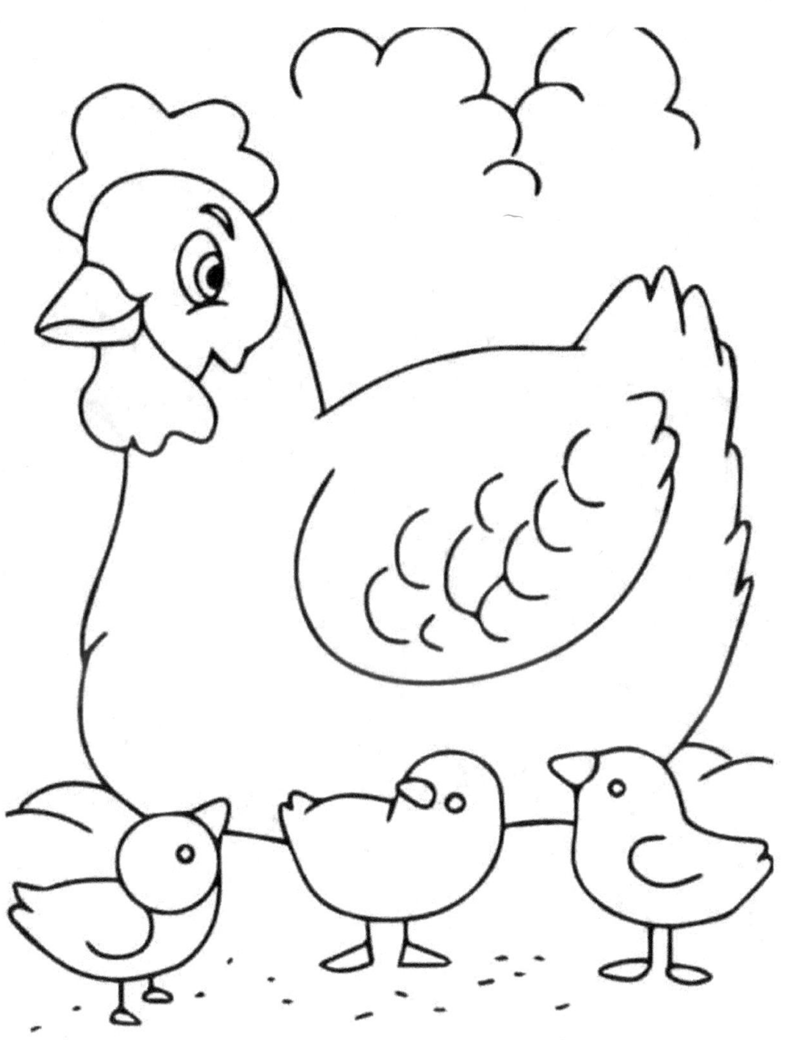

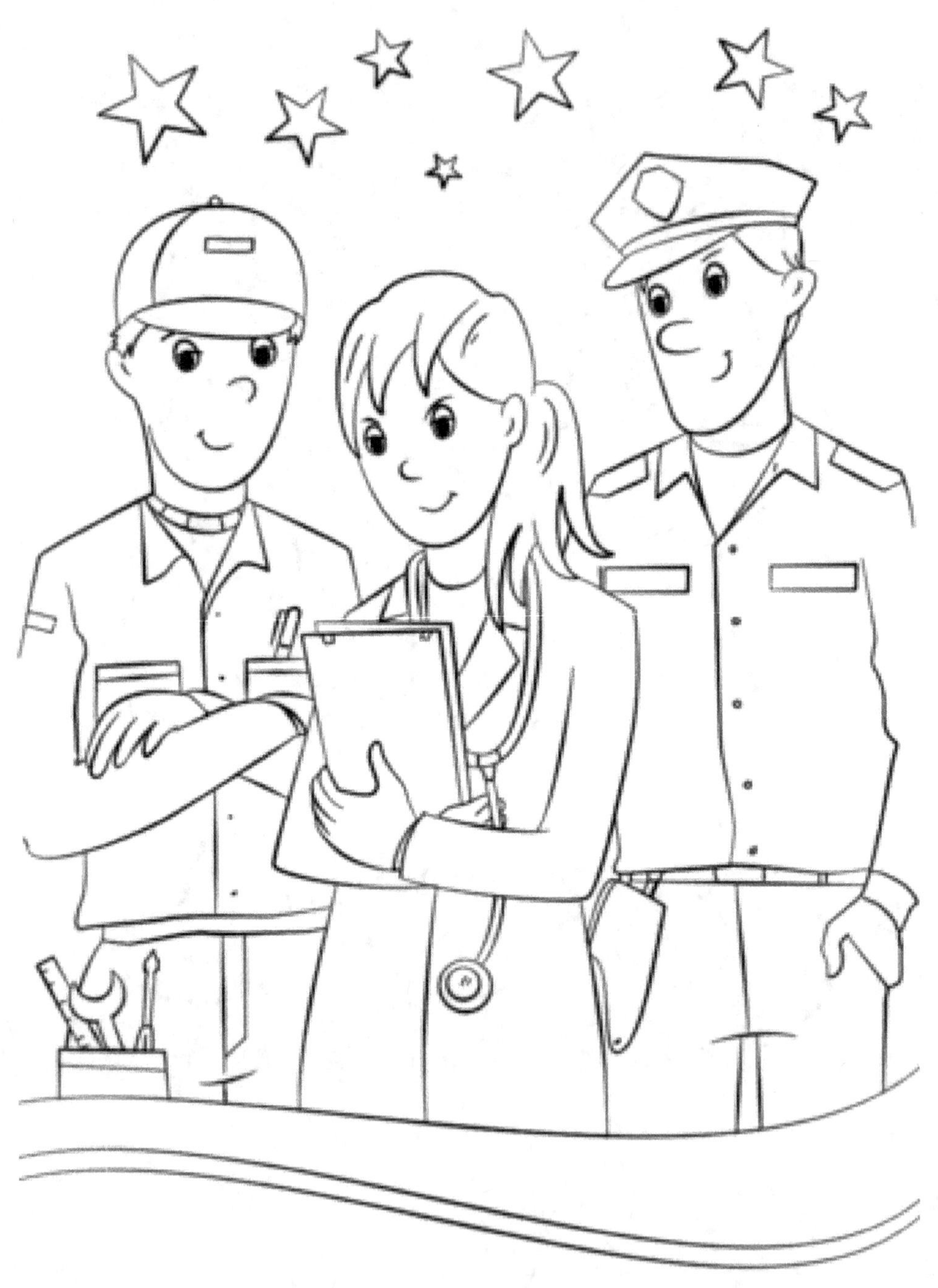

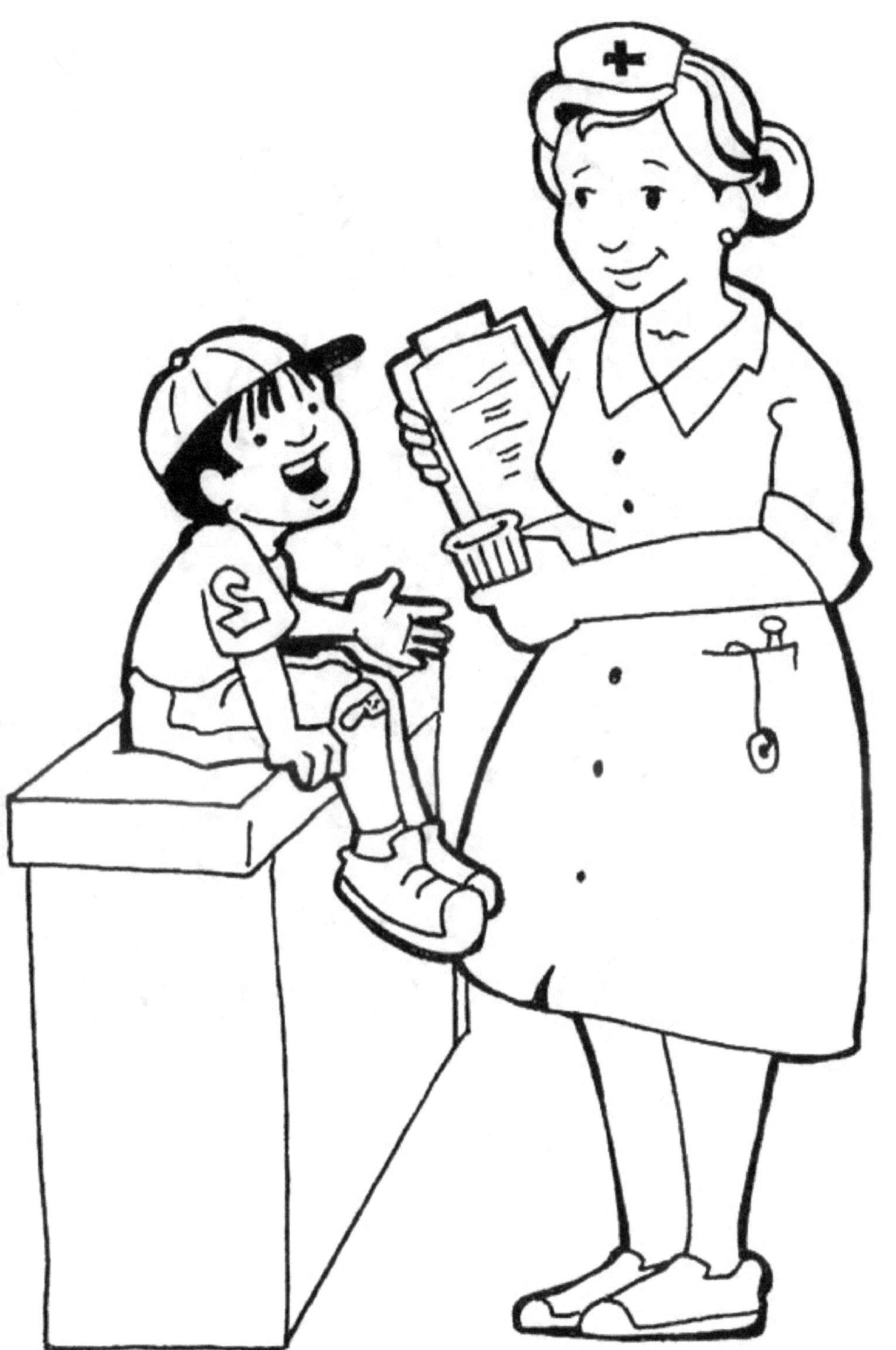

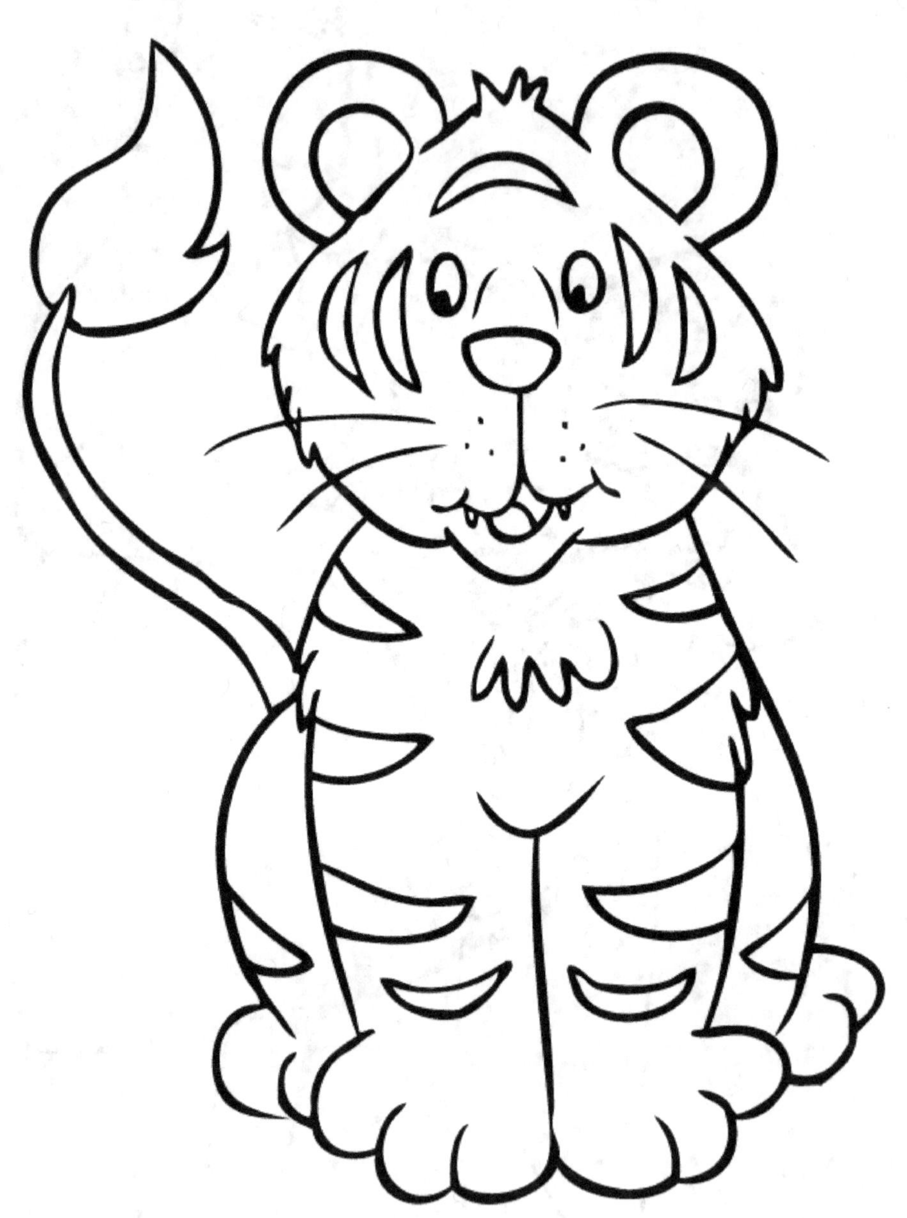

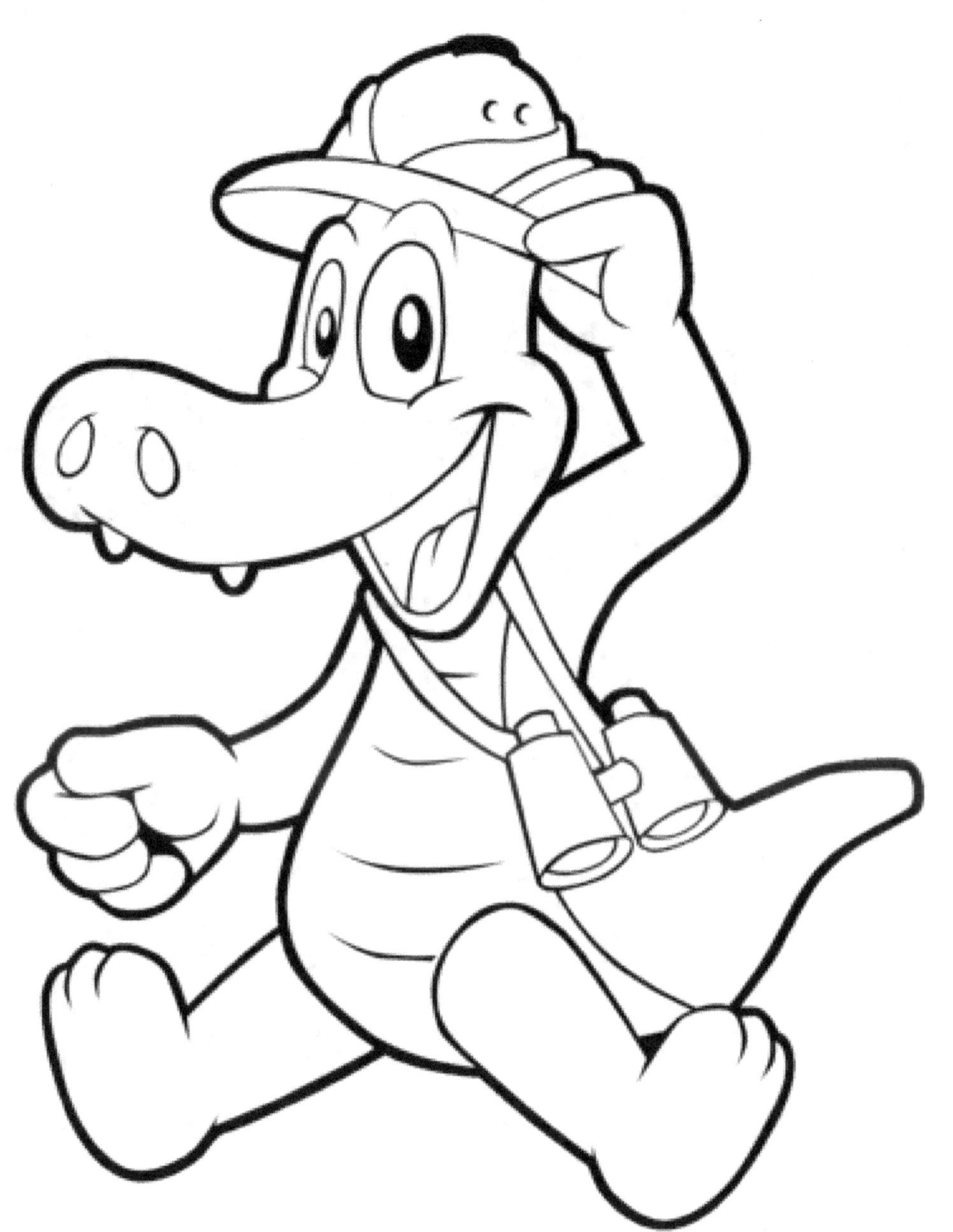

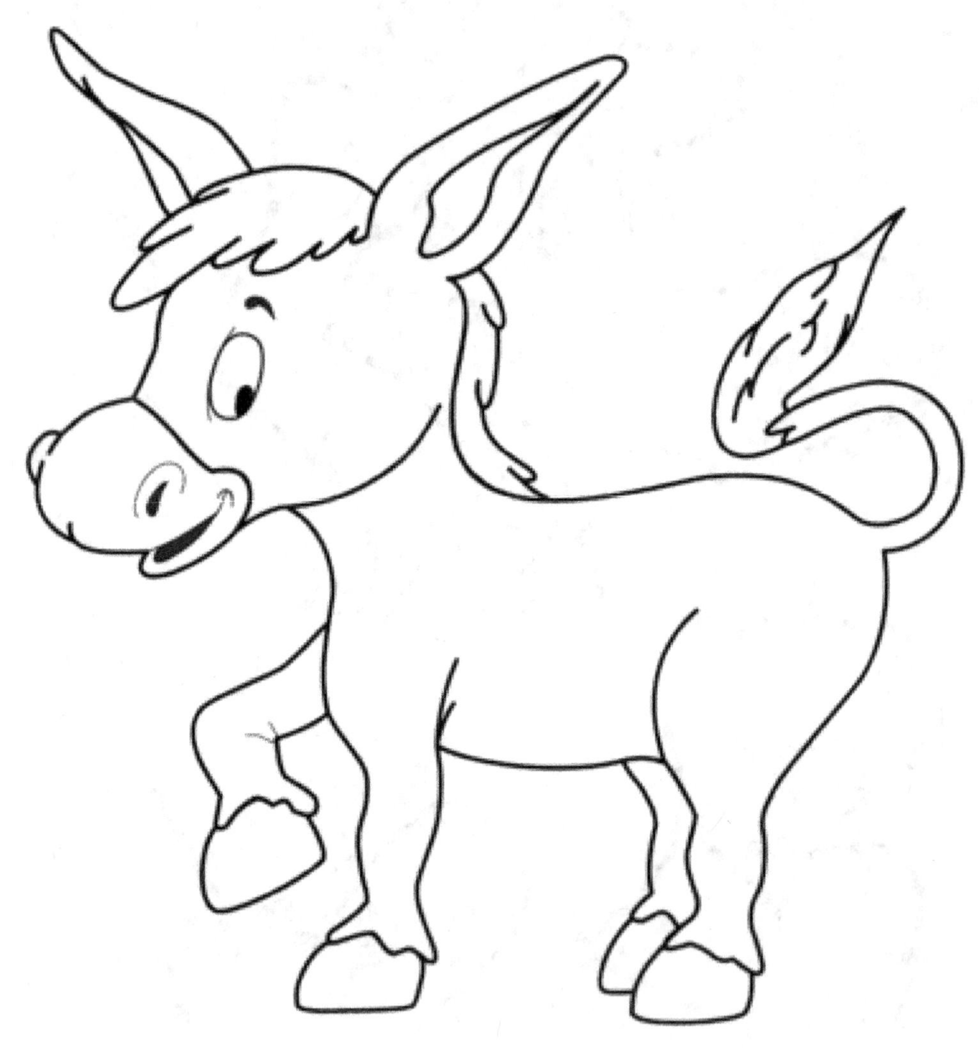

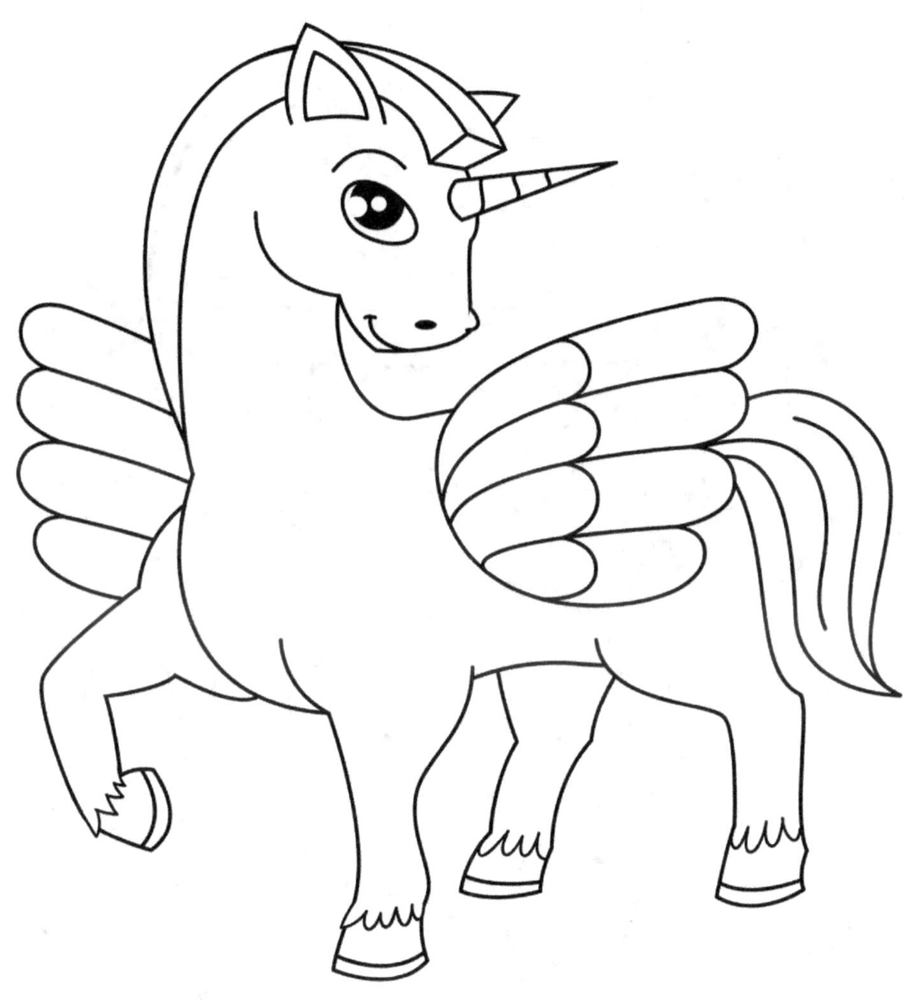

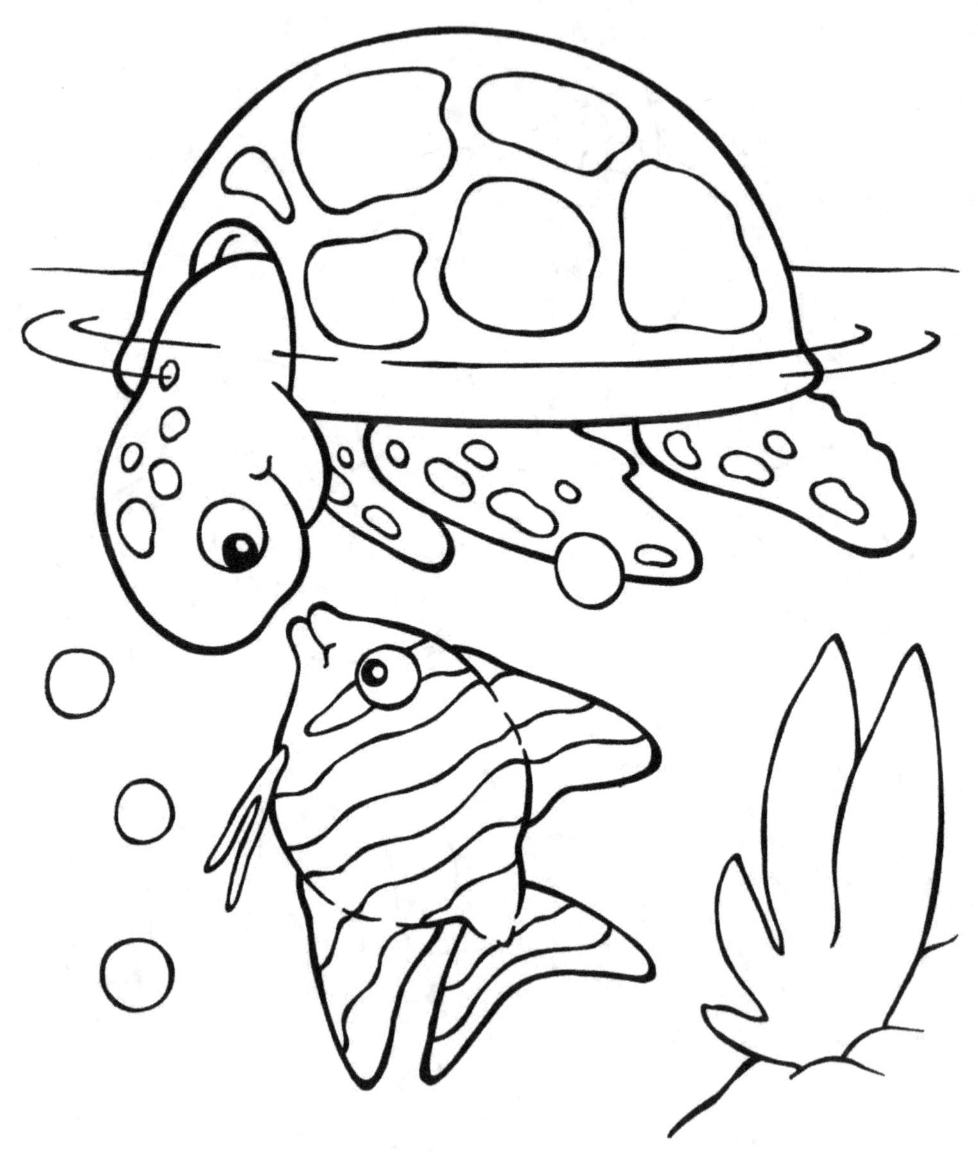

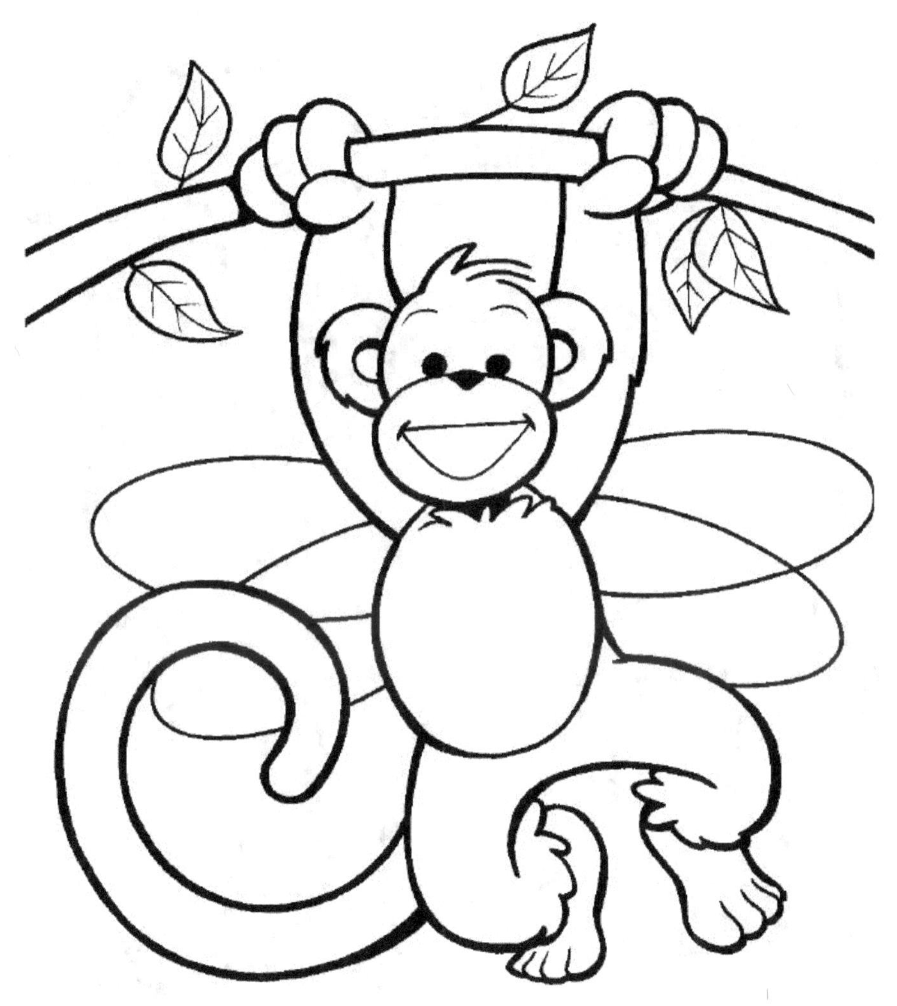

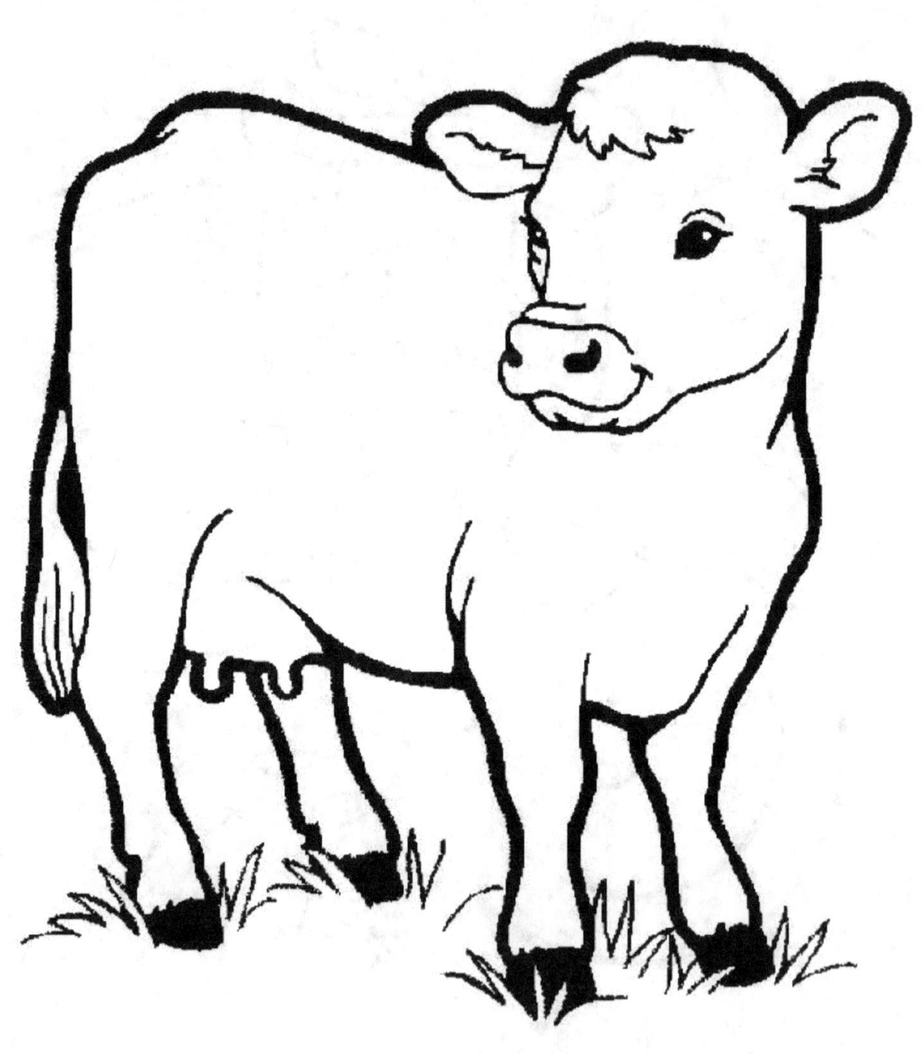

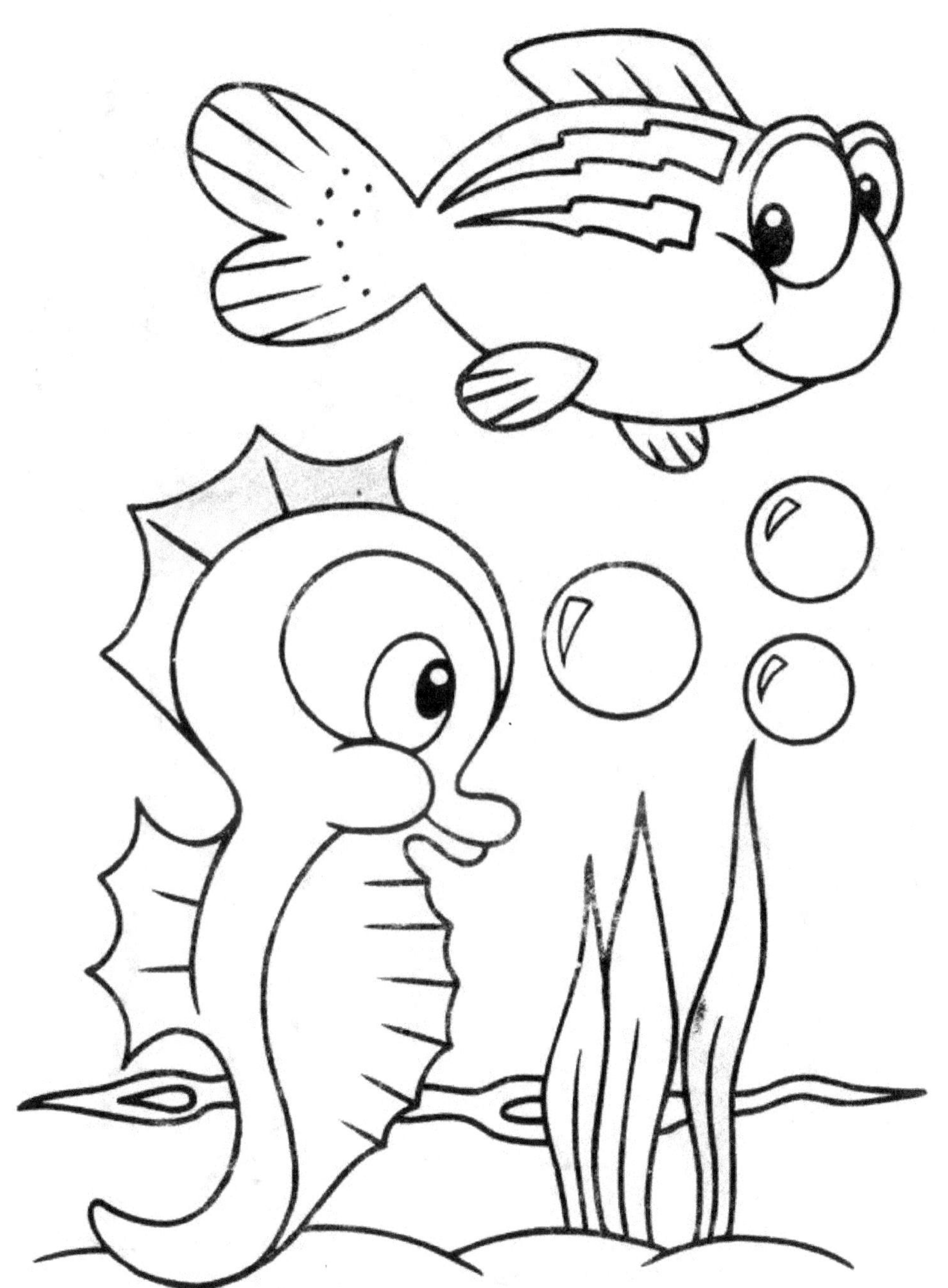

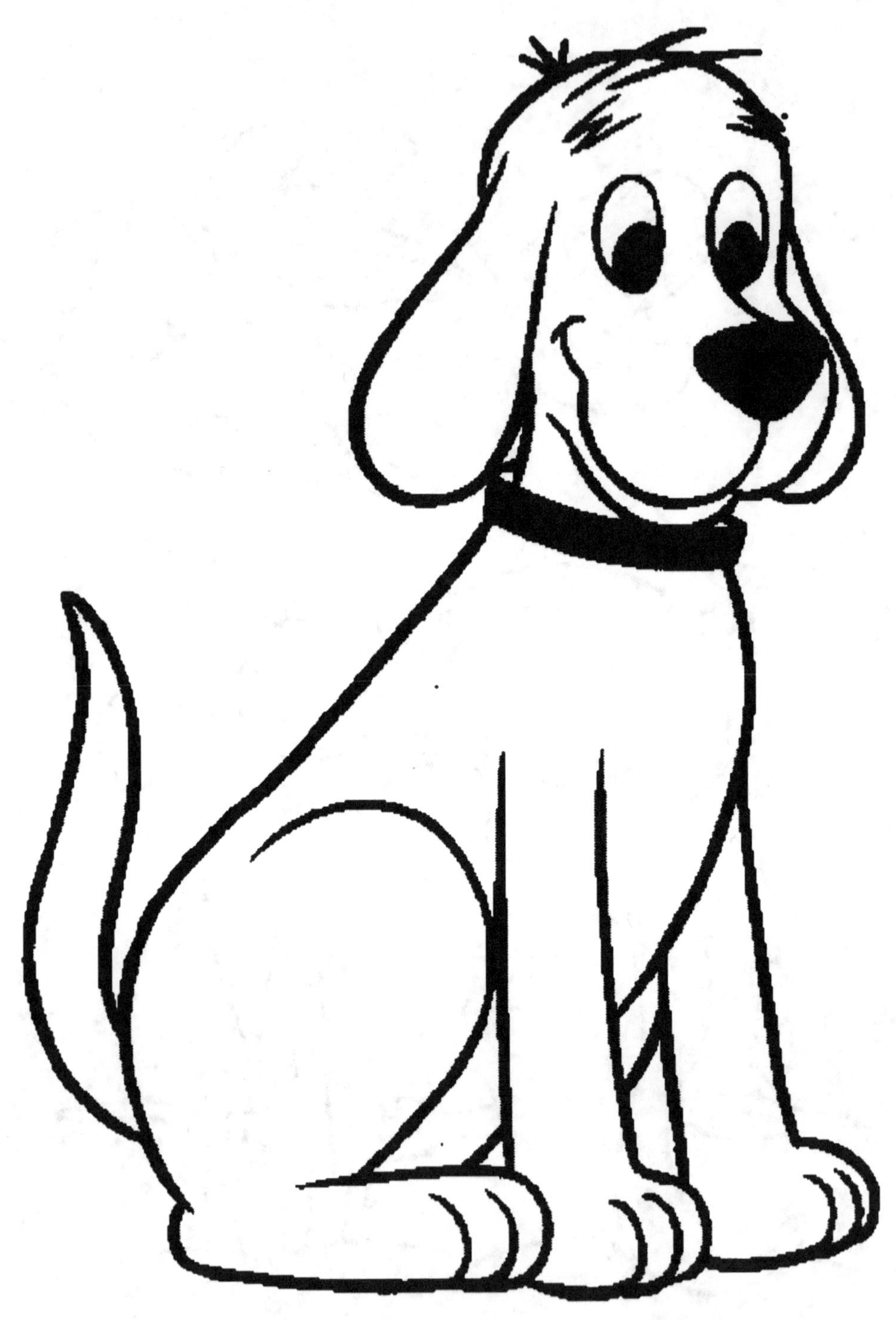

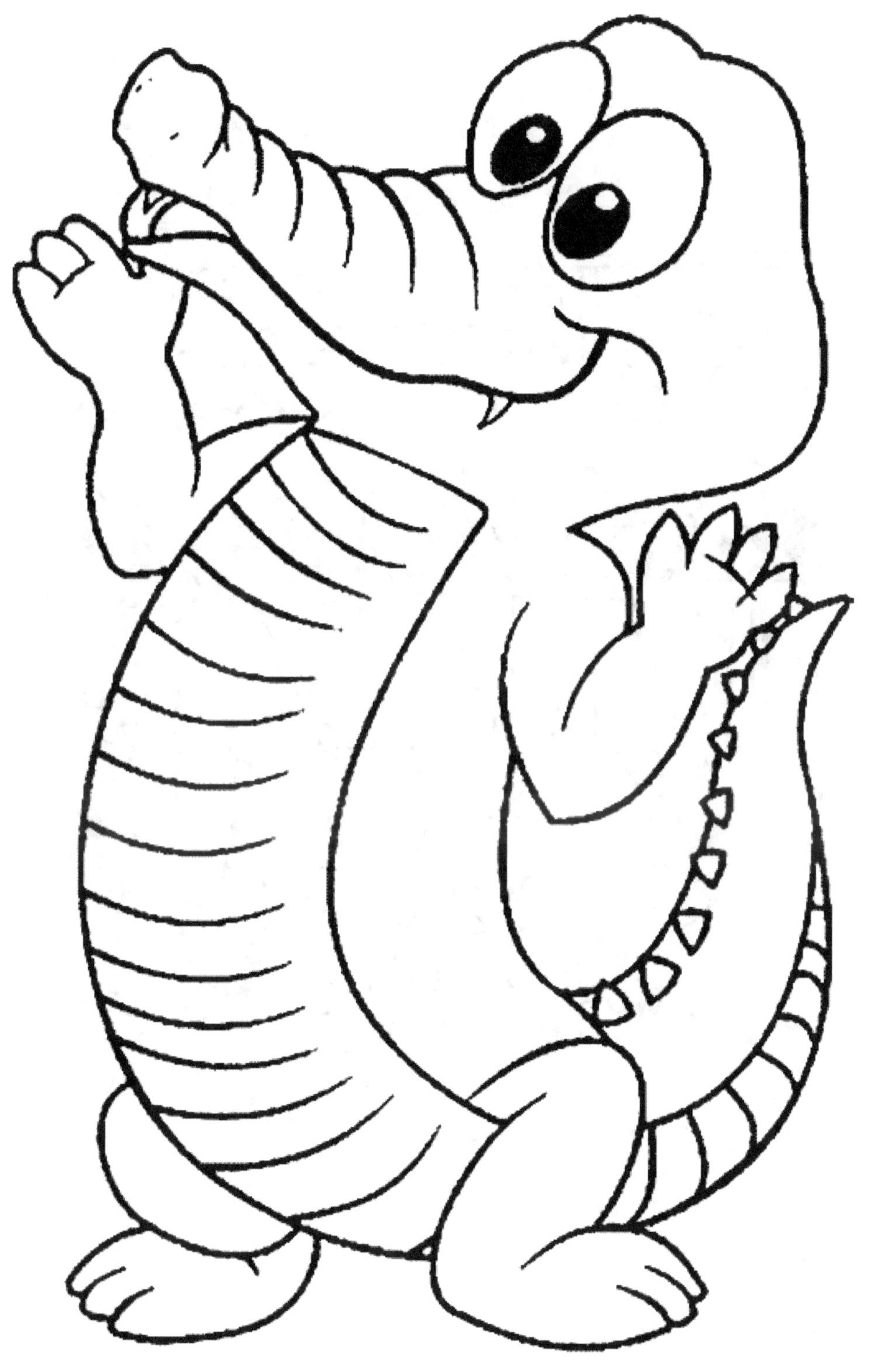

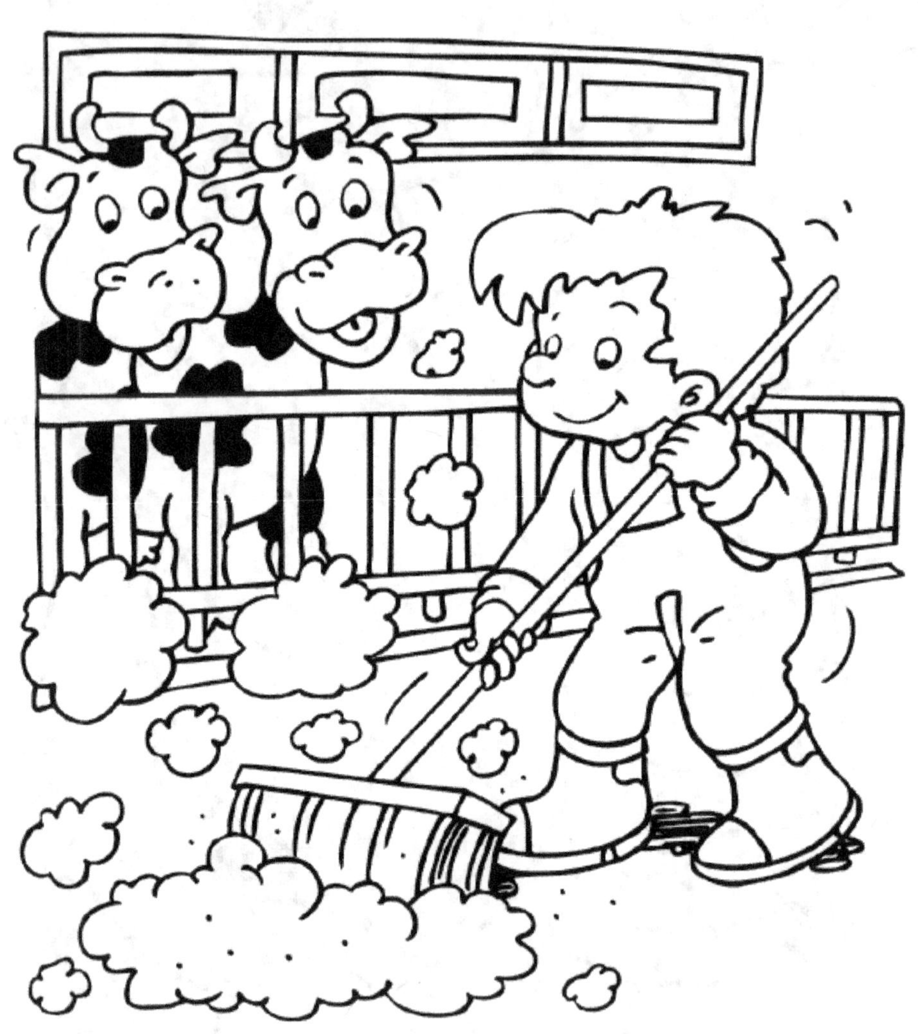

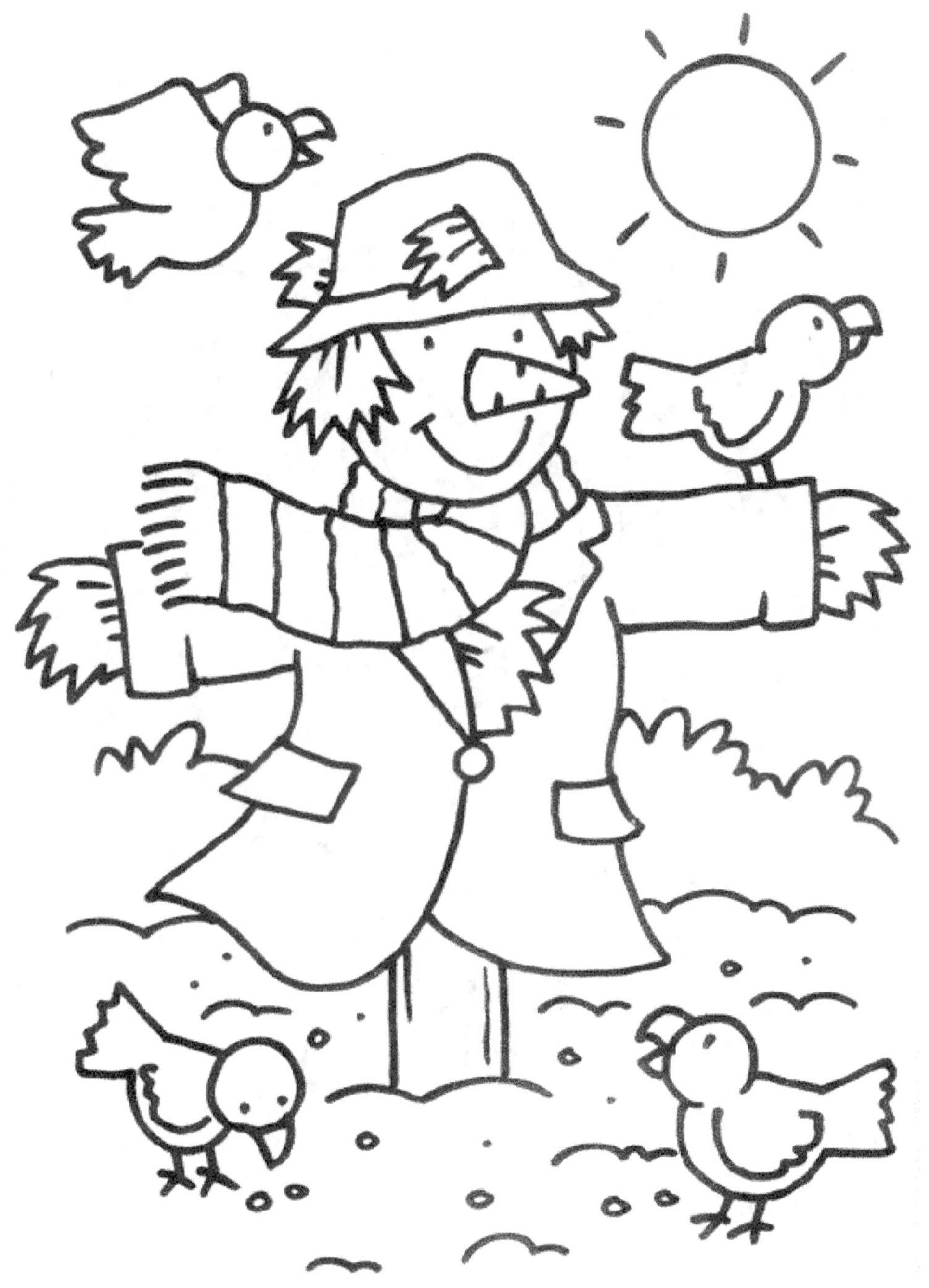

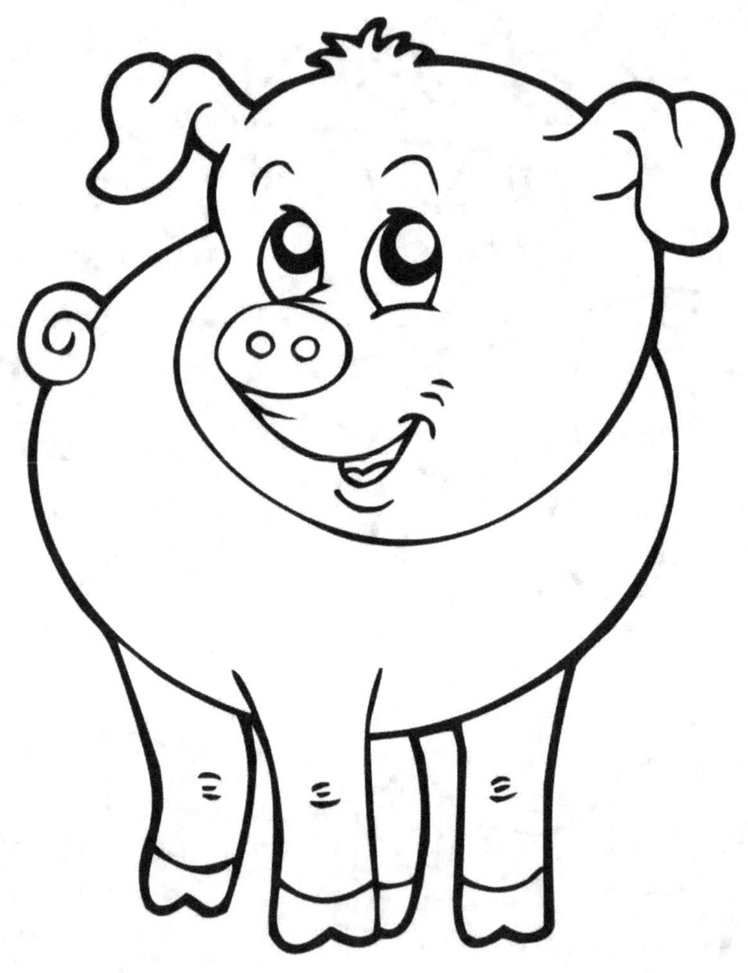

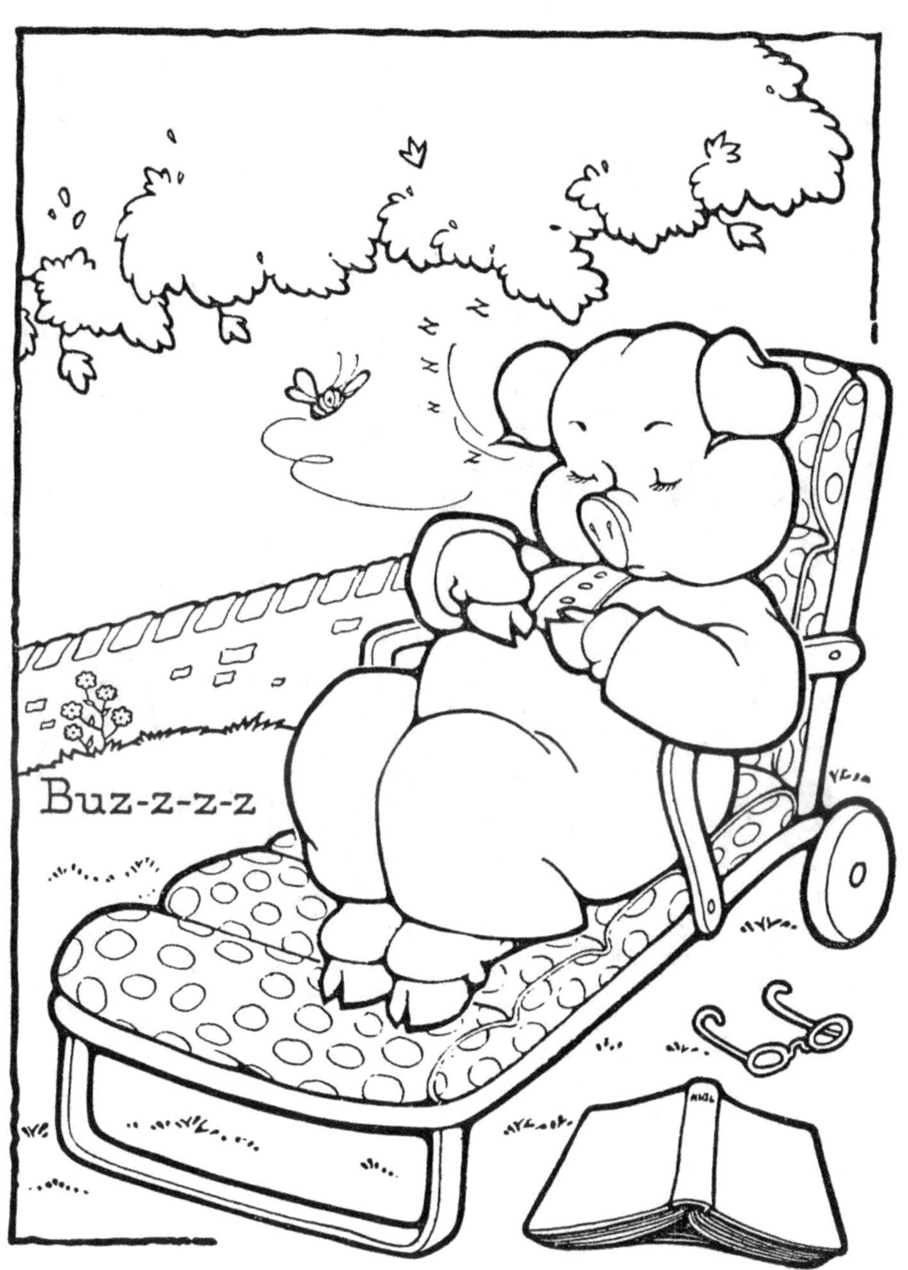
Buz-z-z-z

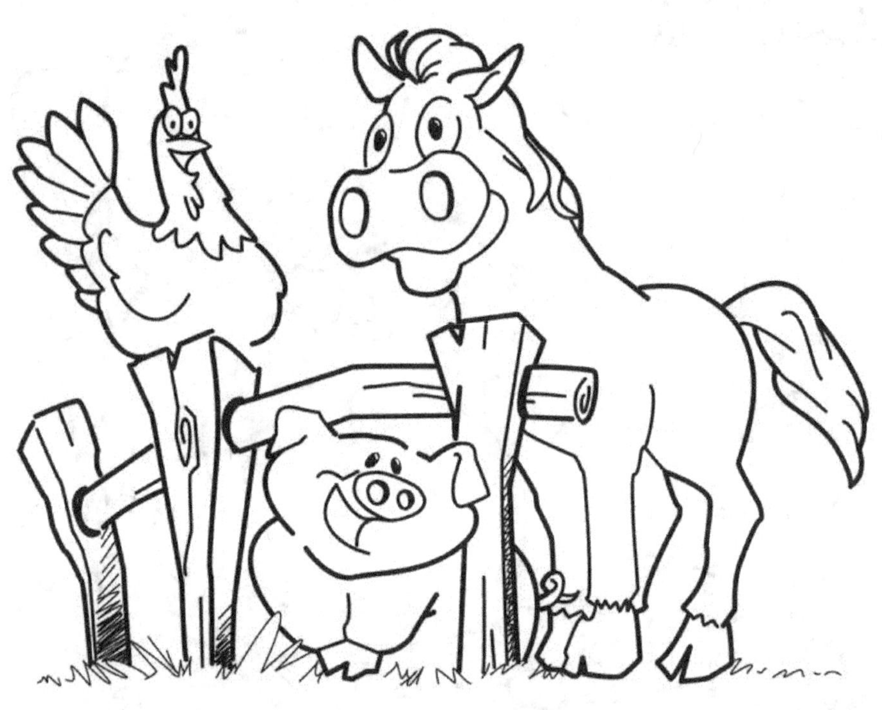

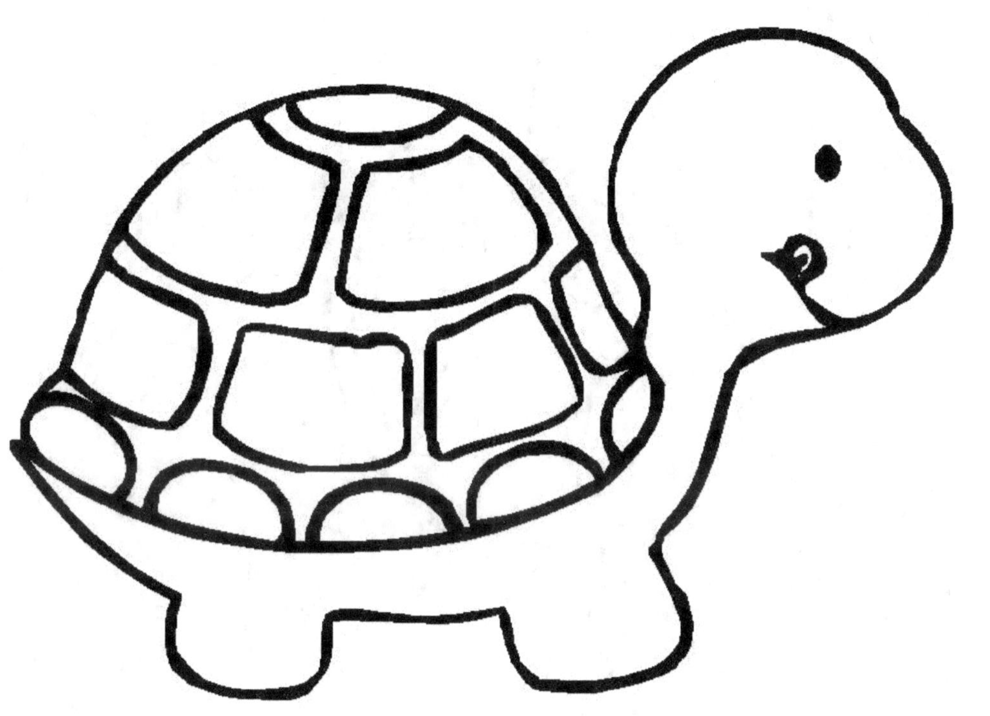

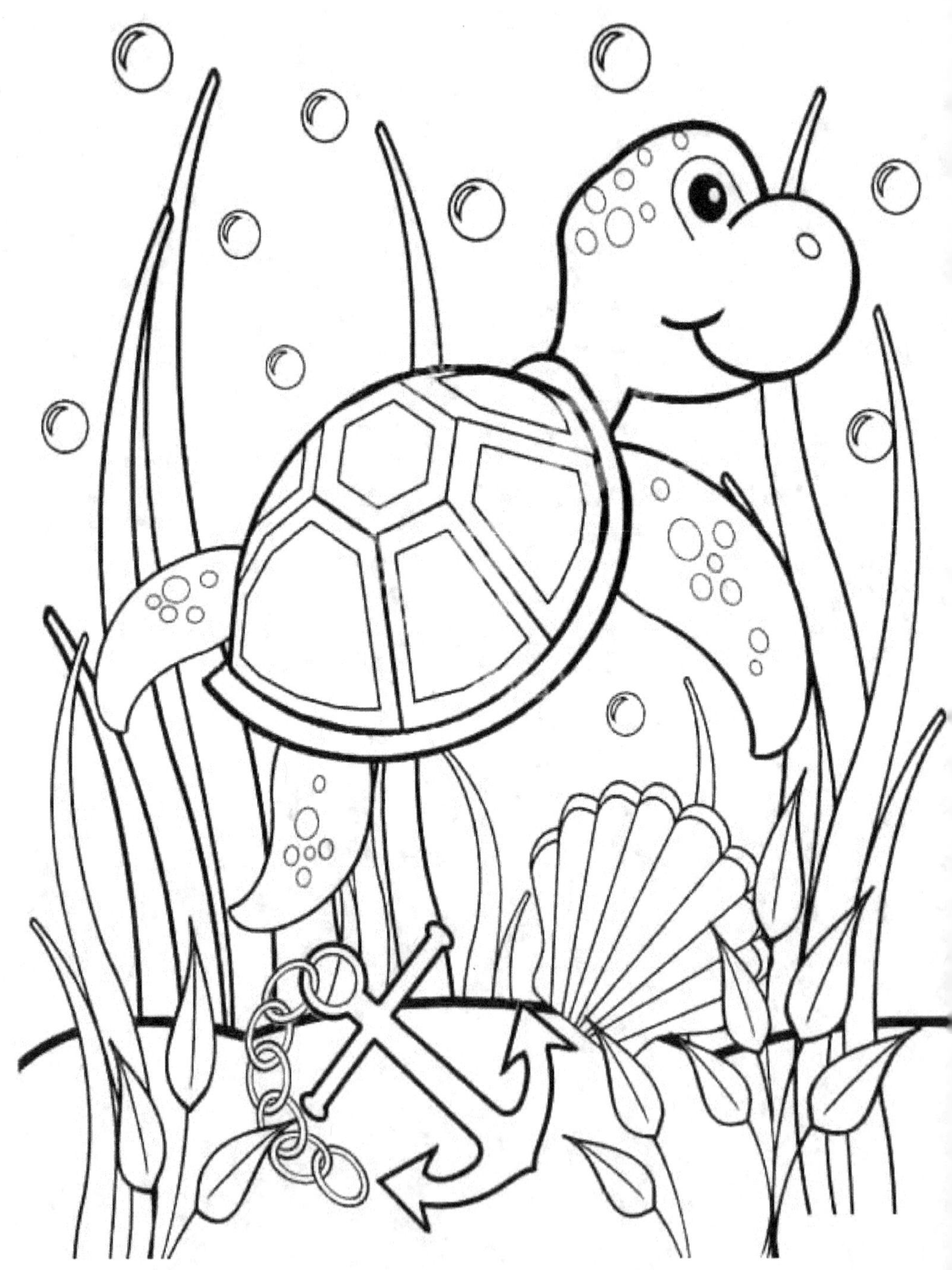

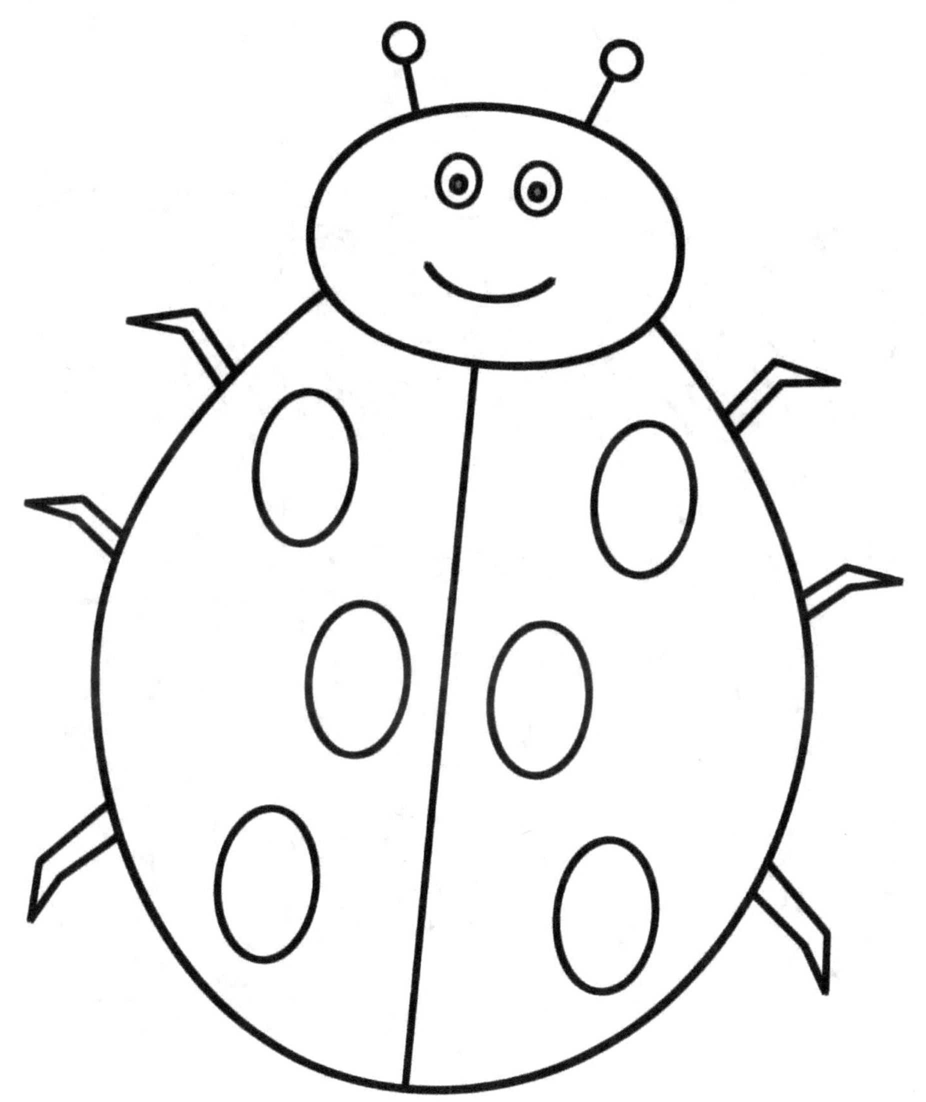

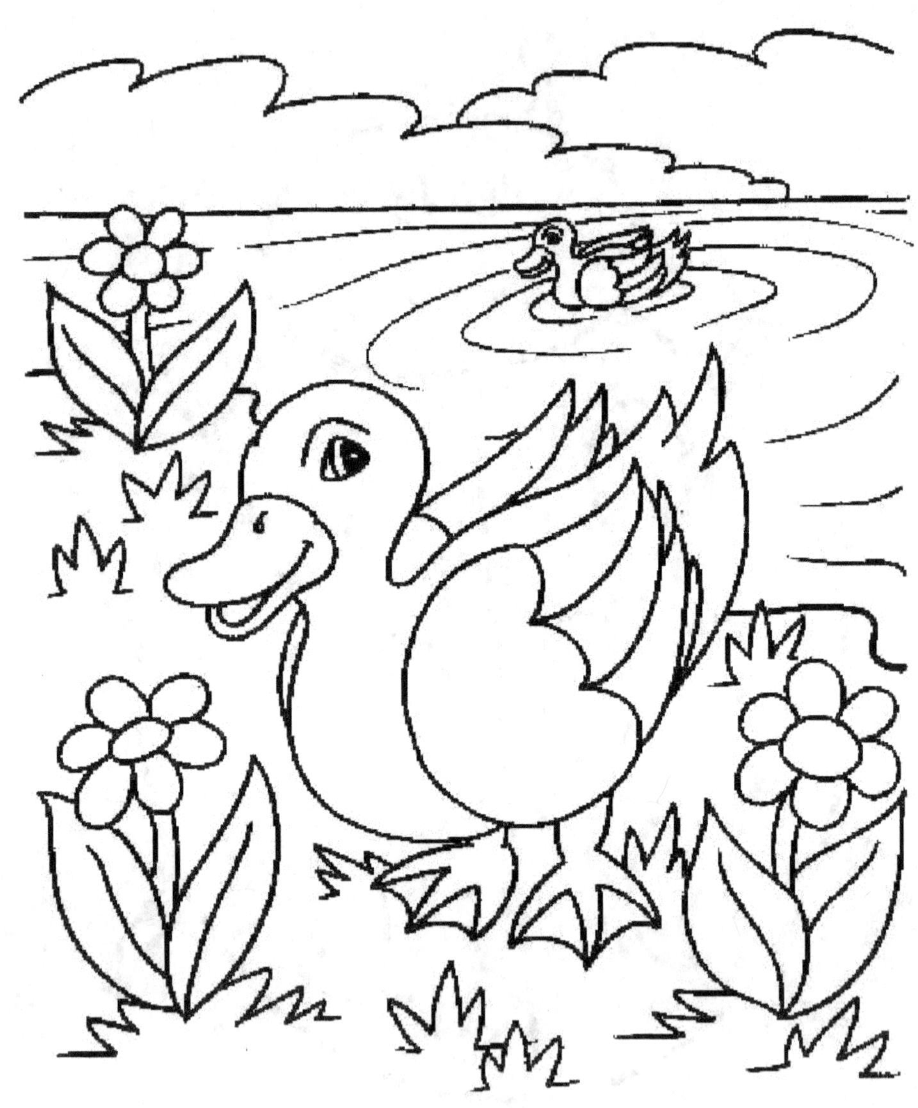

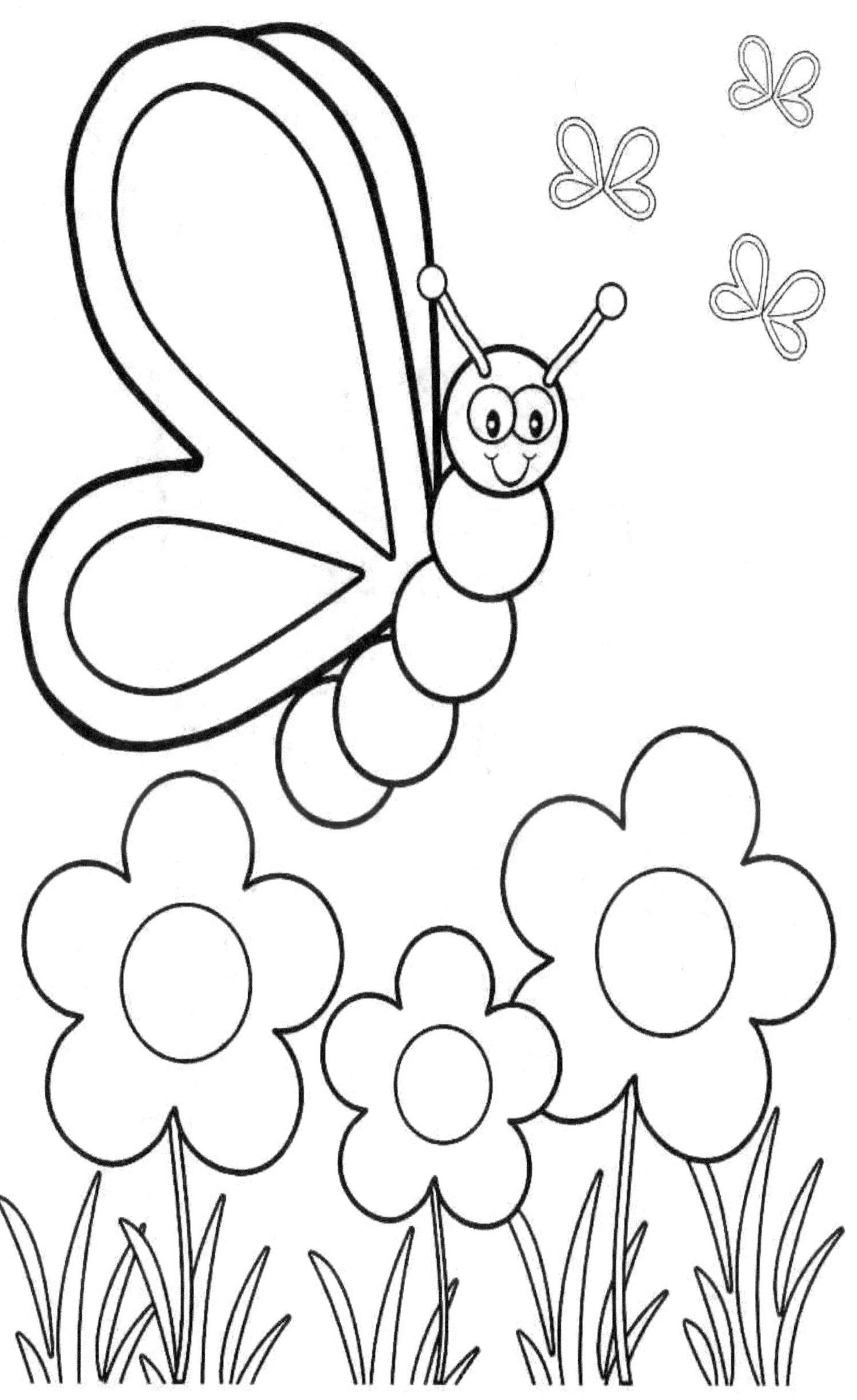

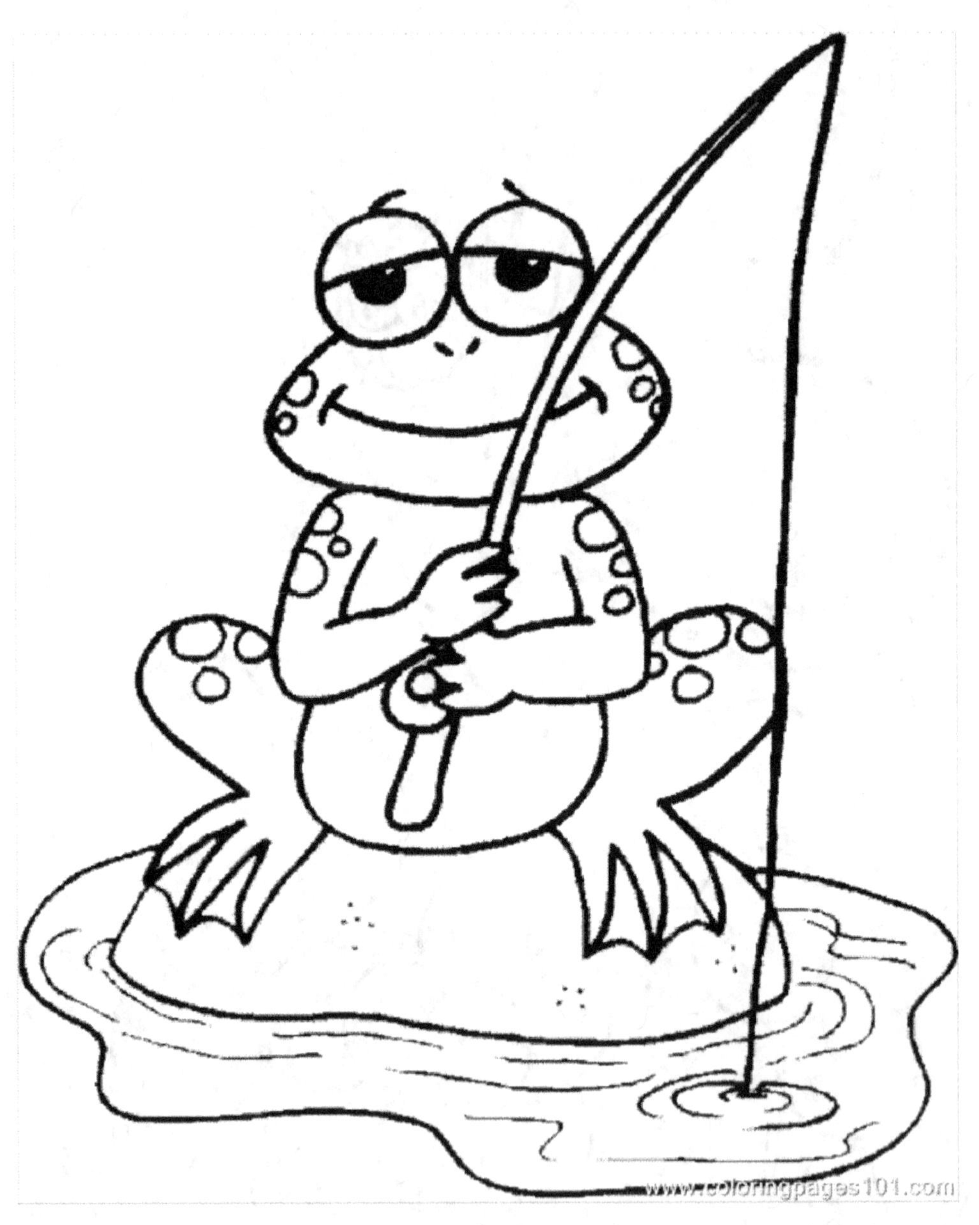
www.coloringpages101.com

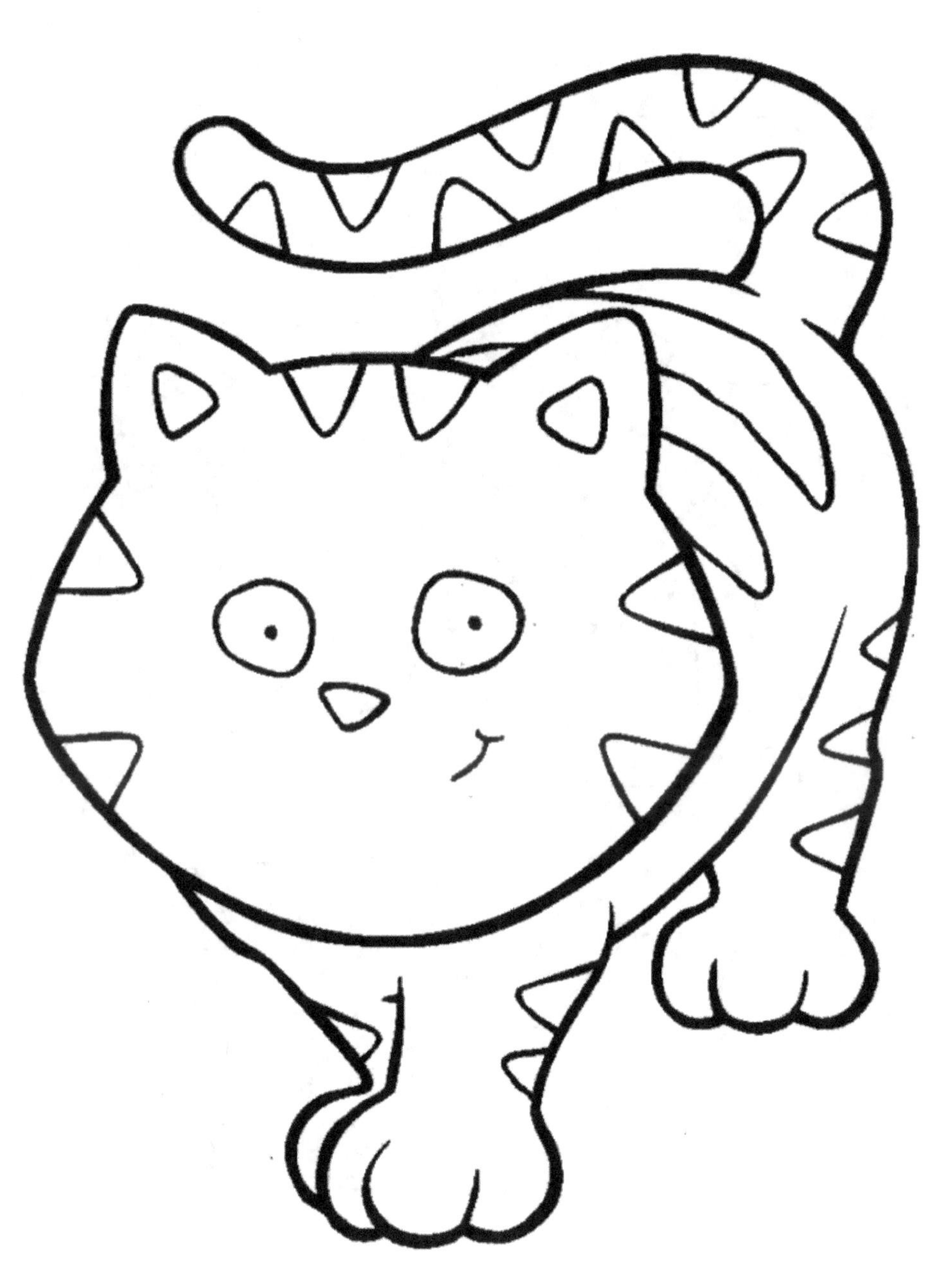

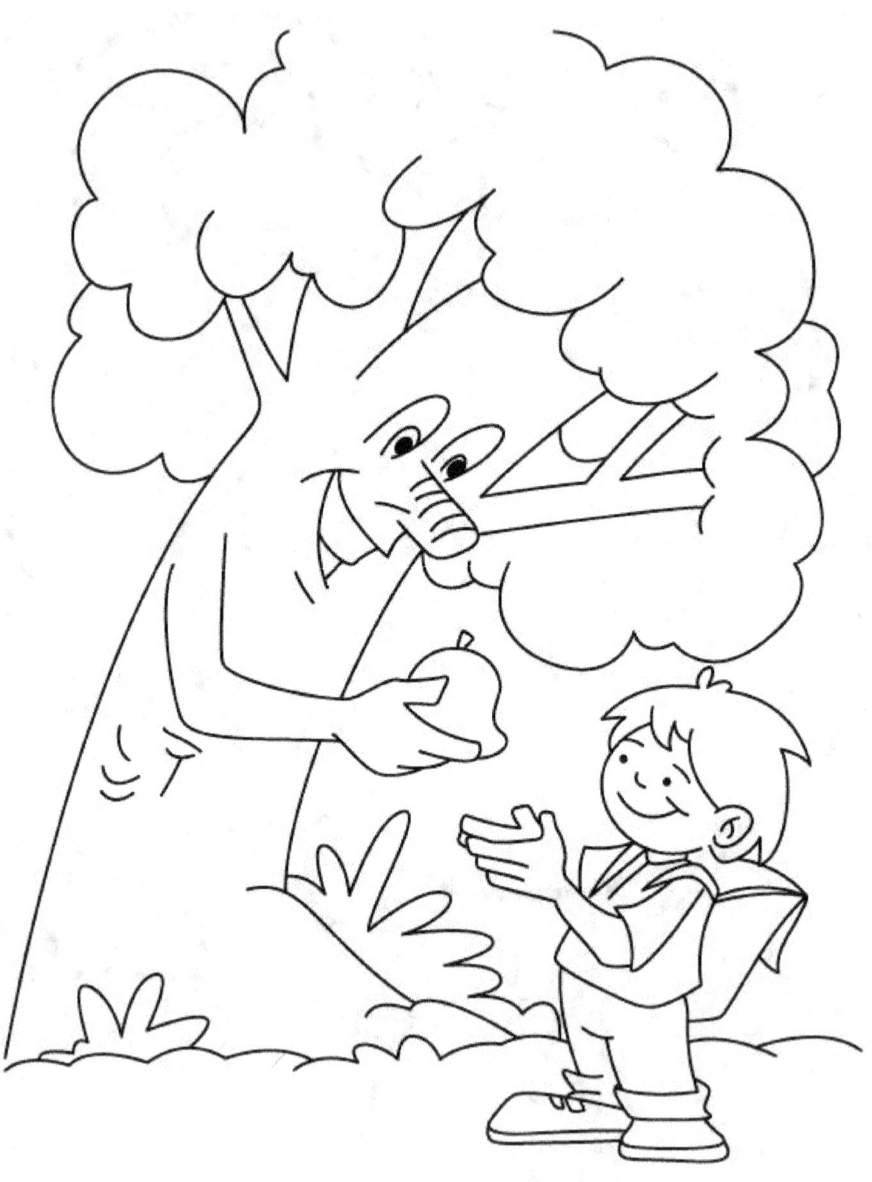

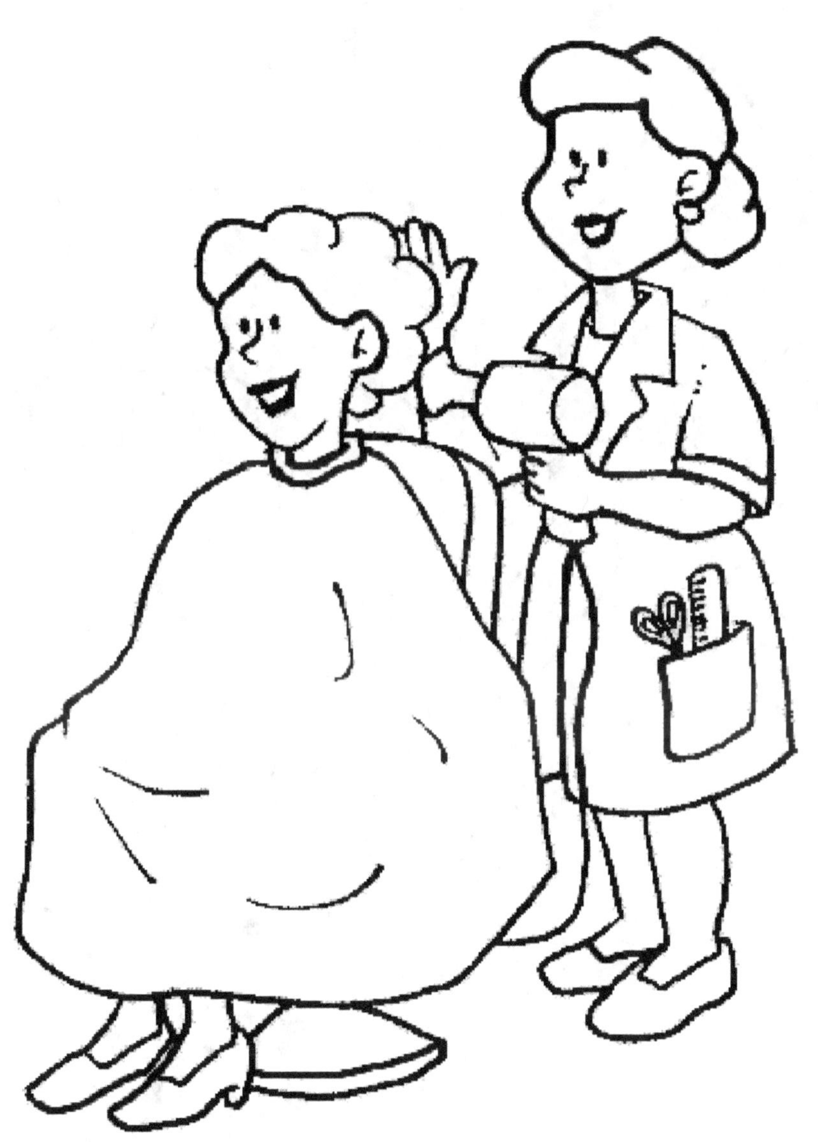

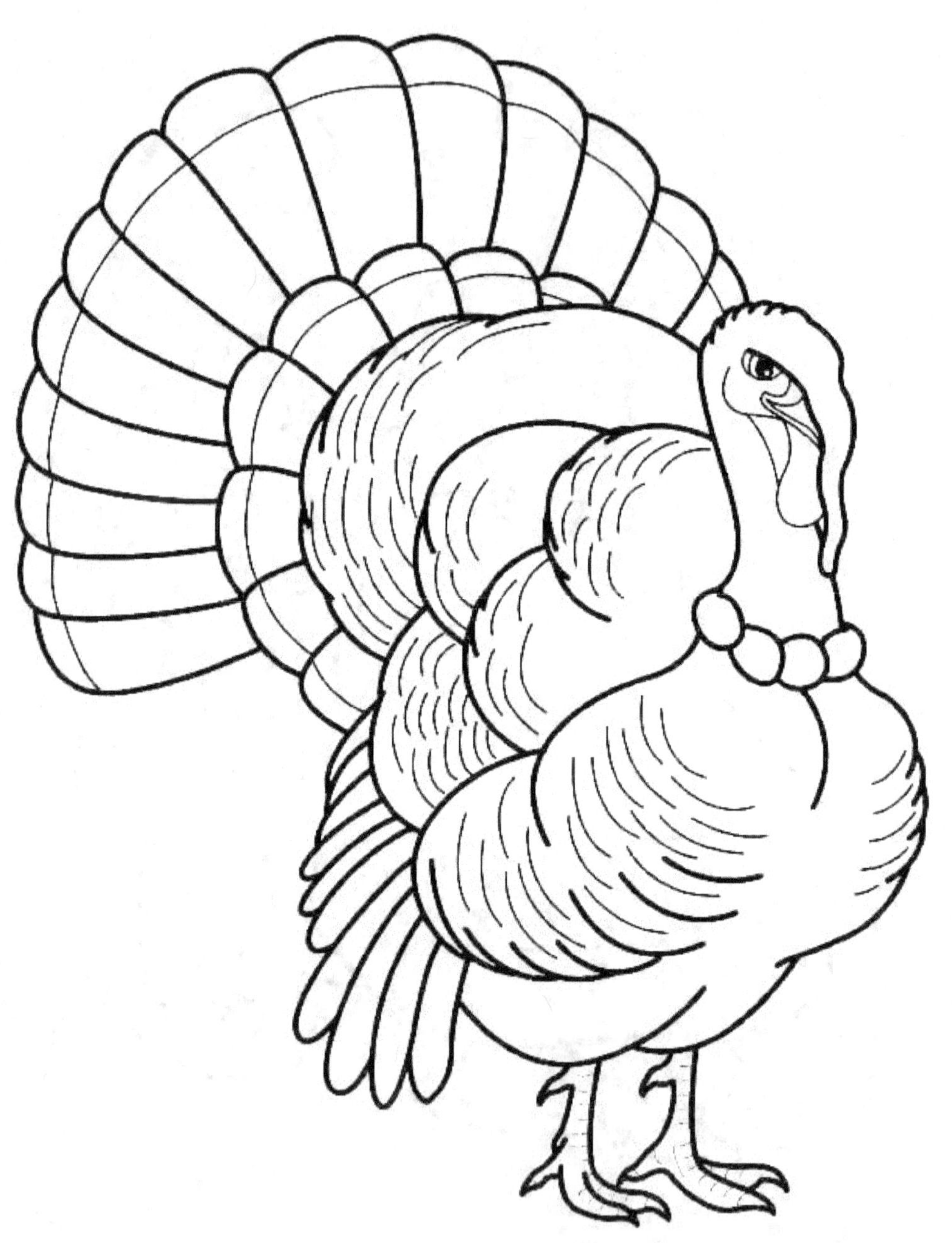

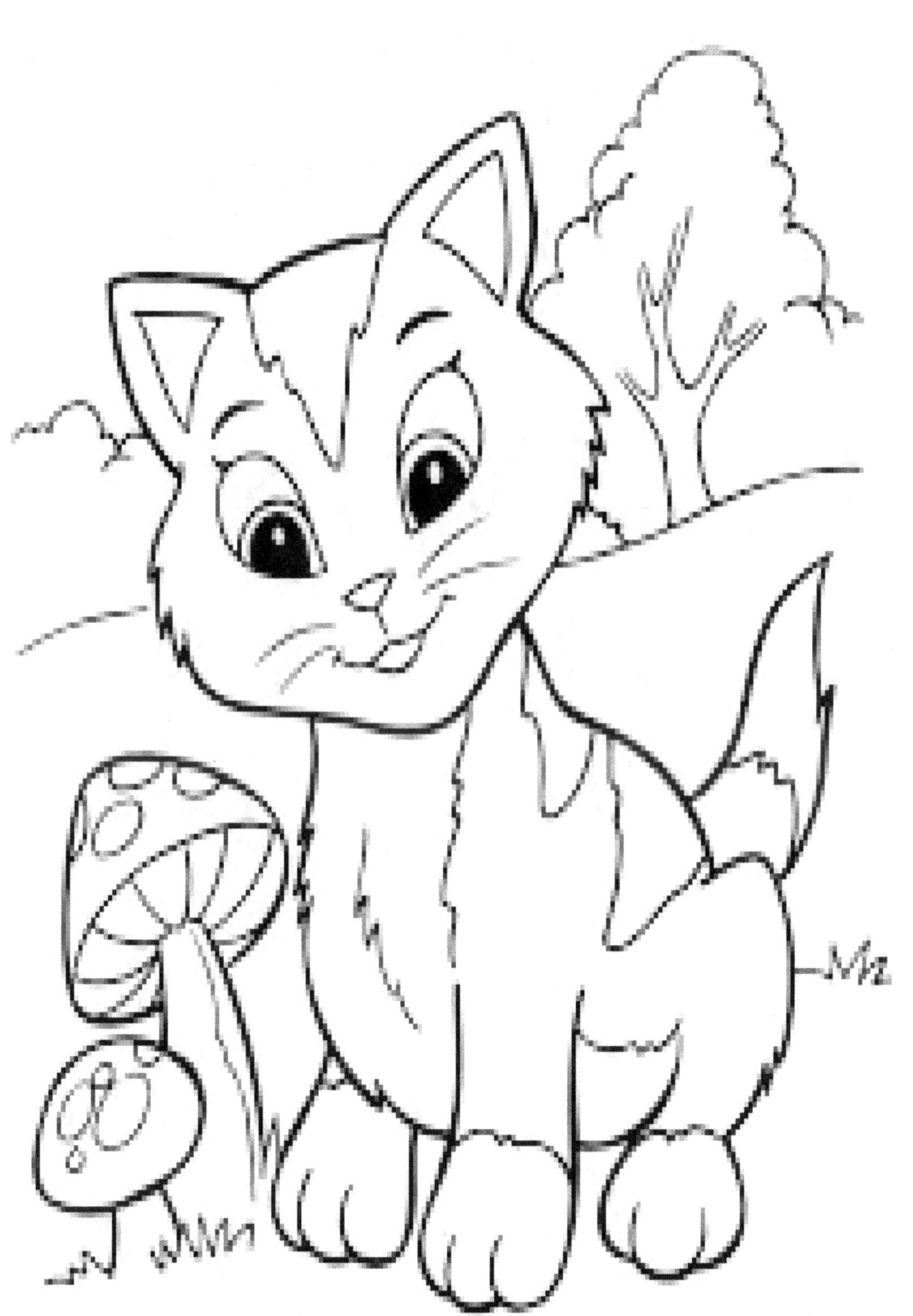

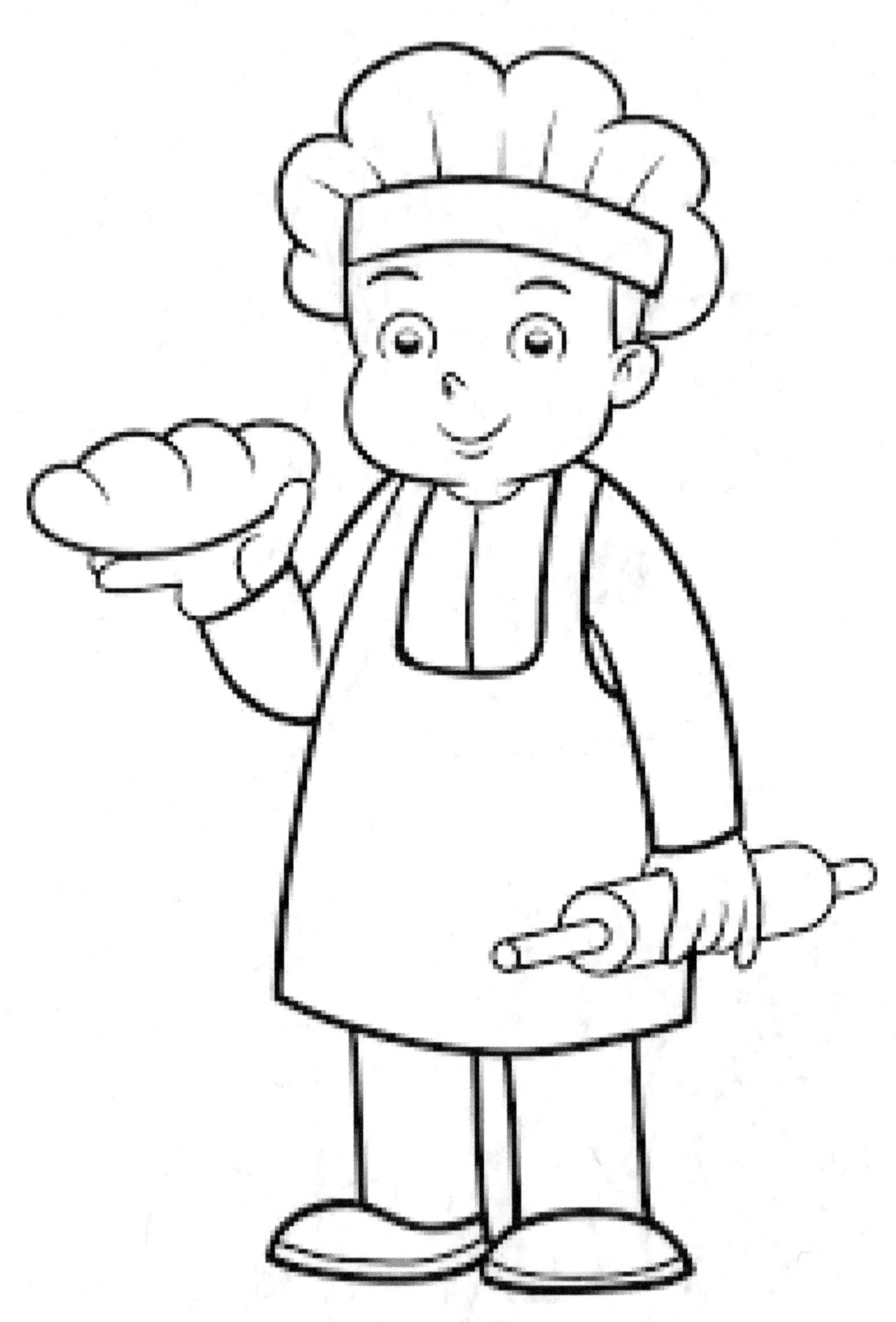

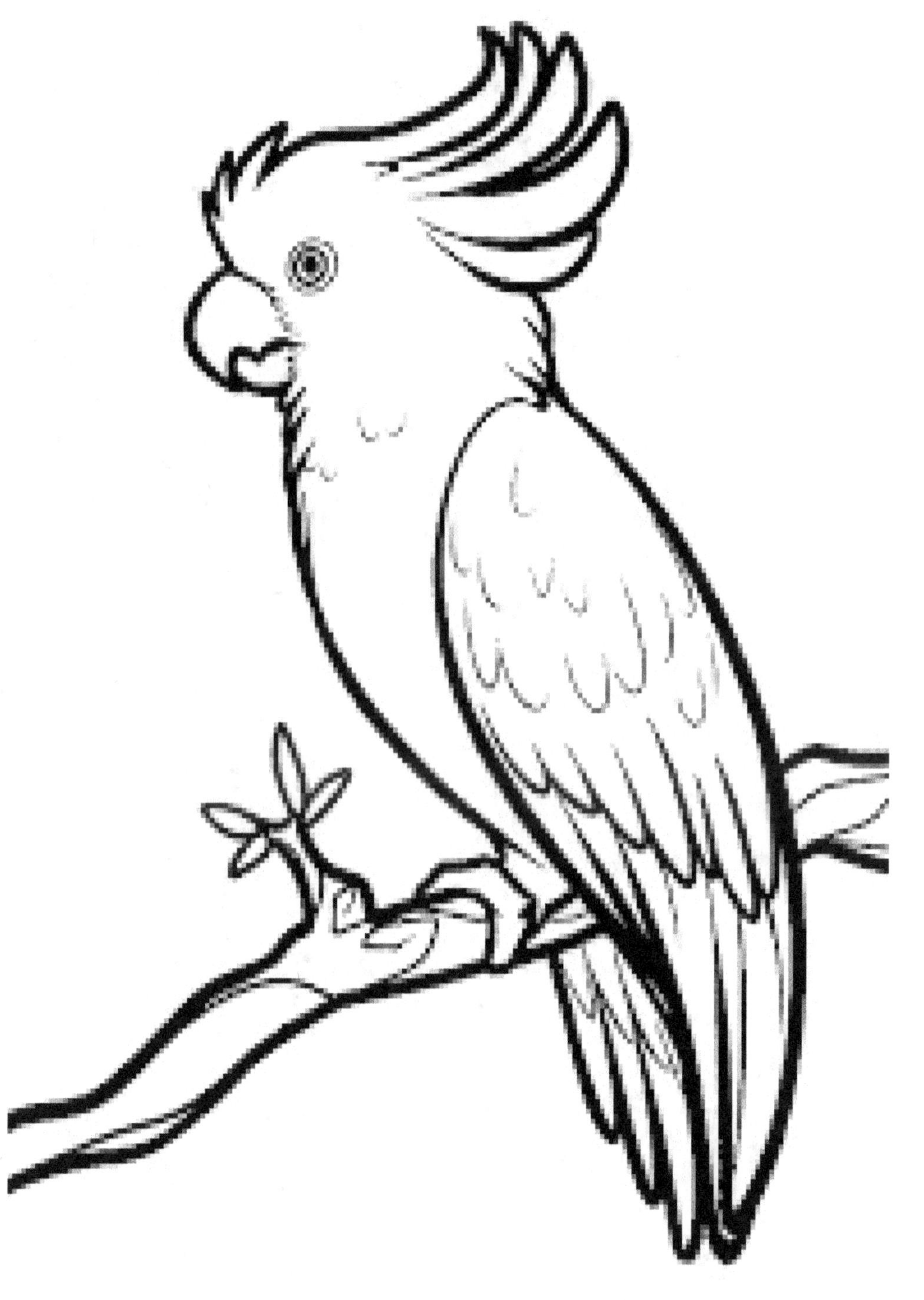

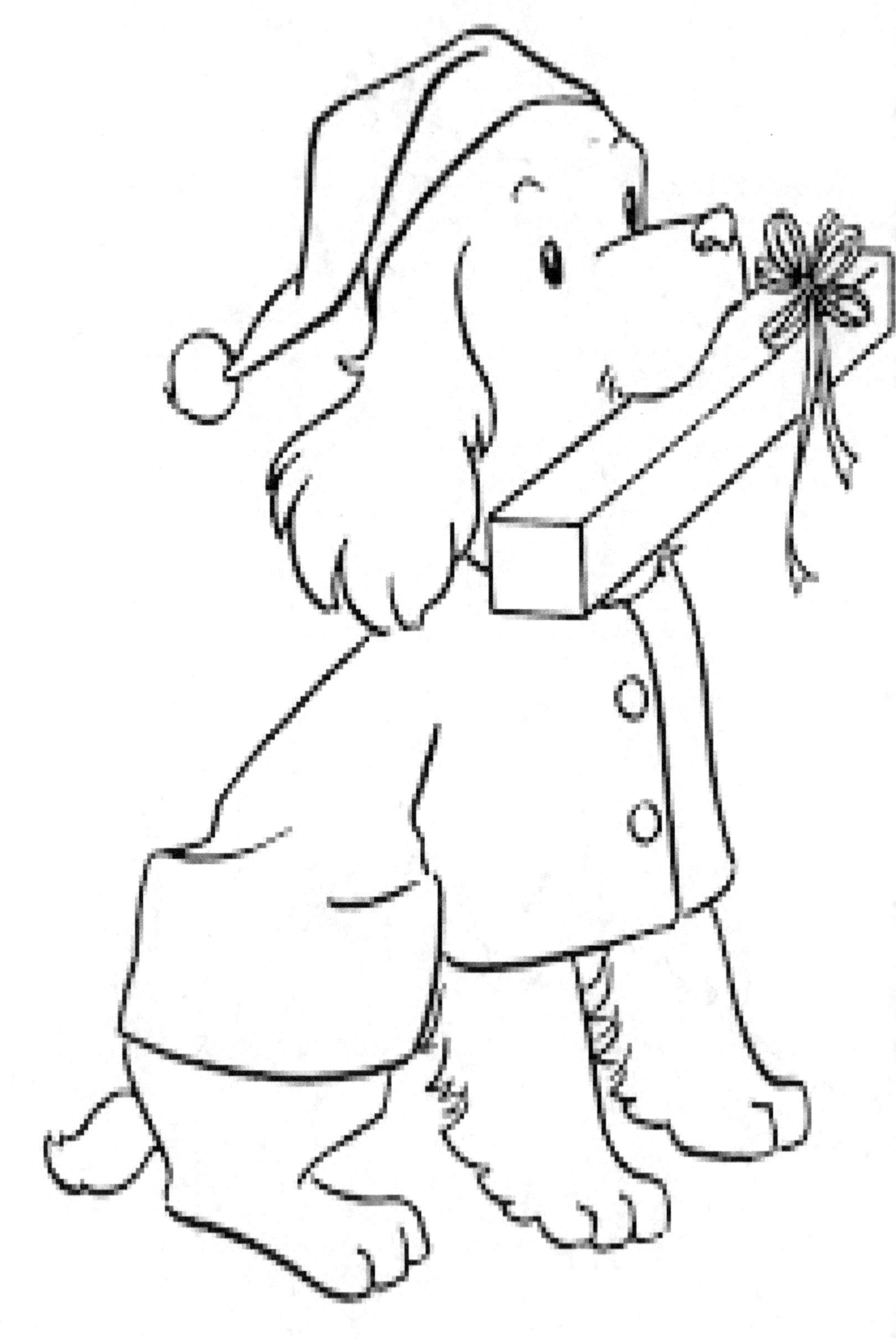

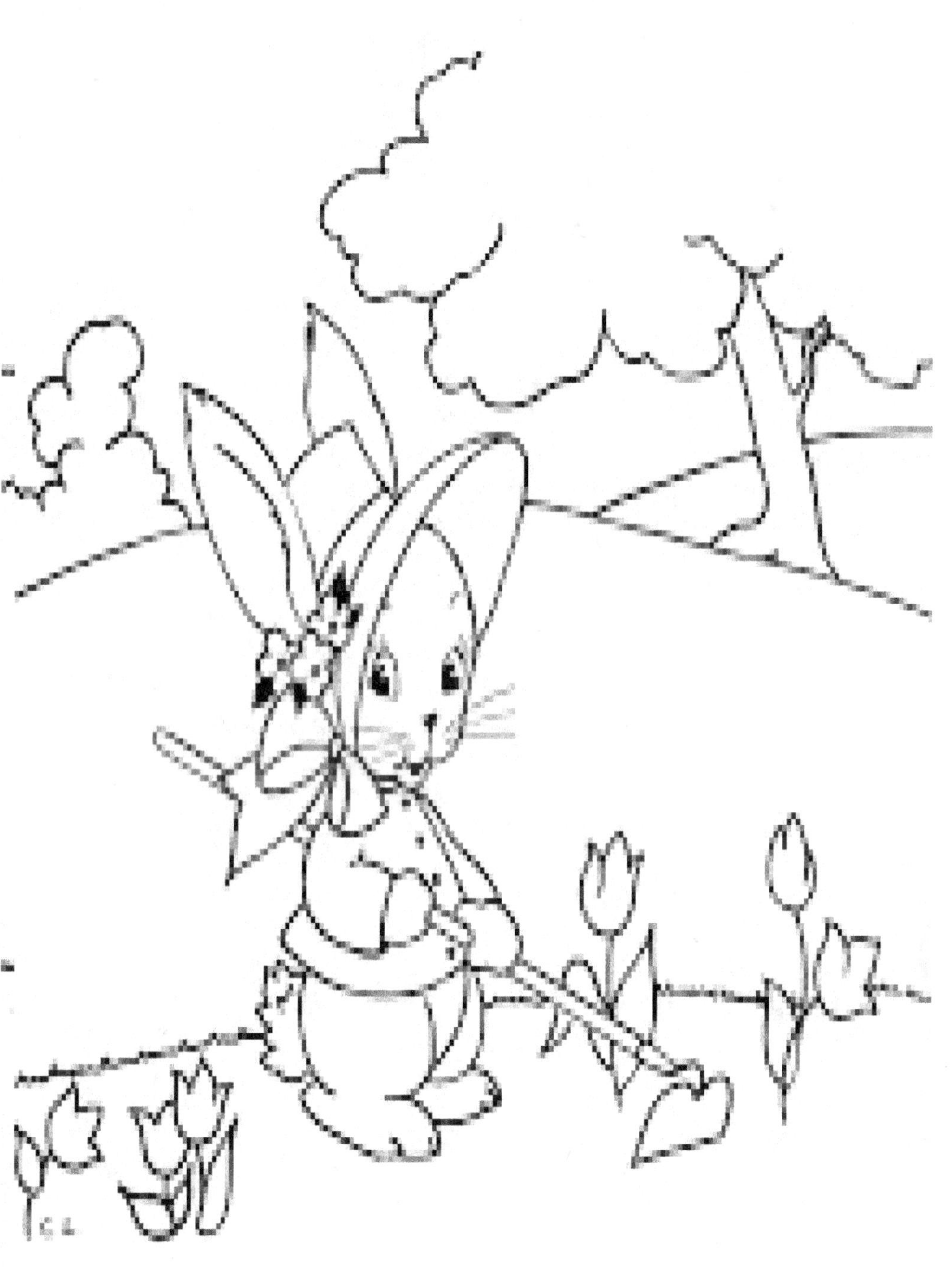

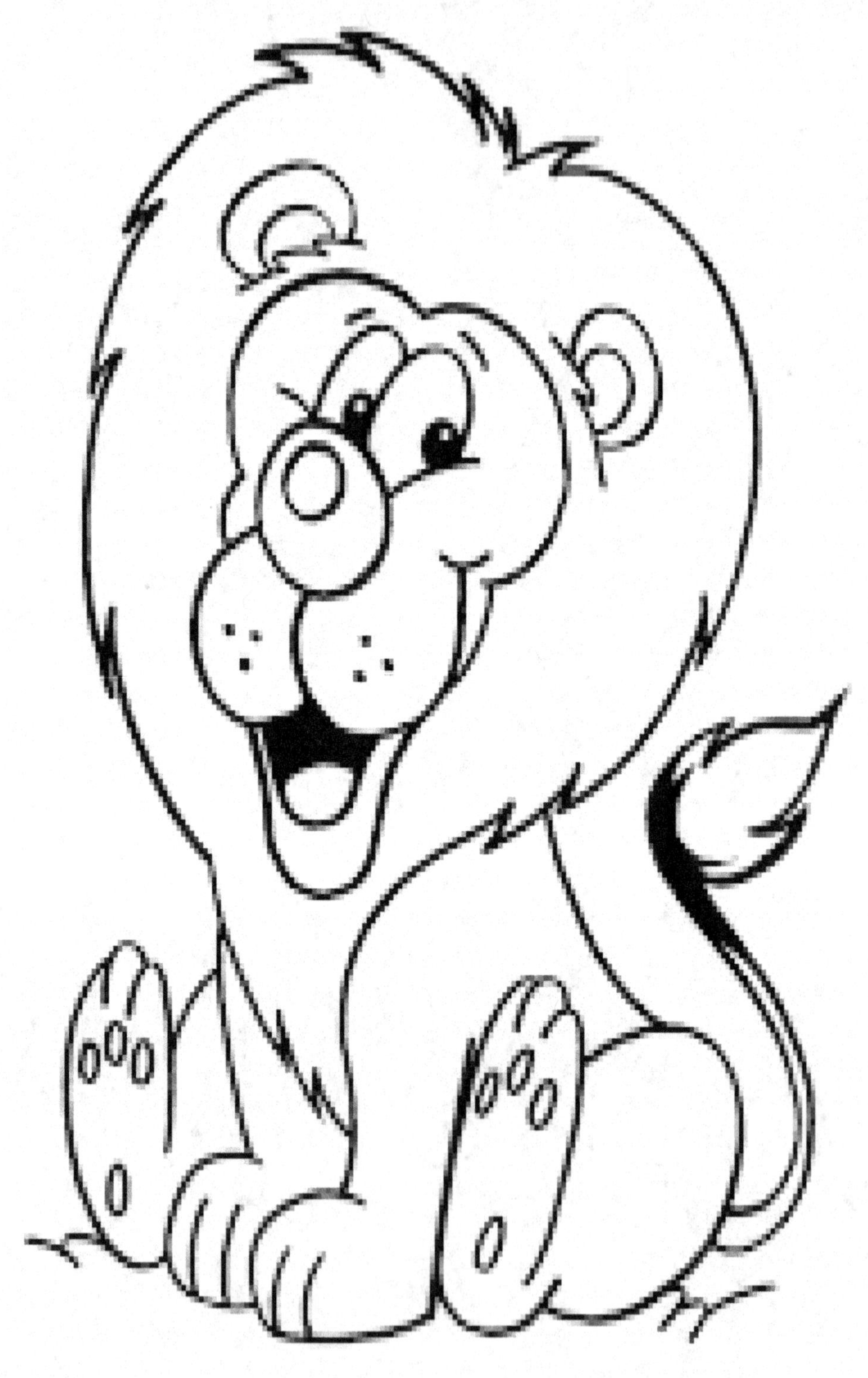

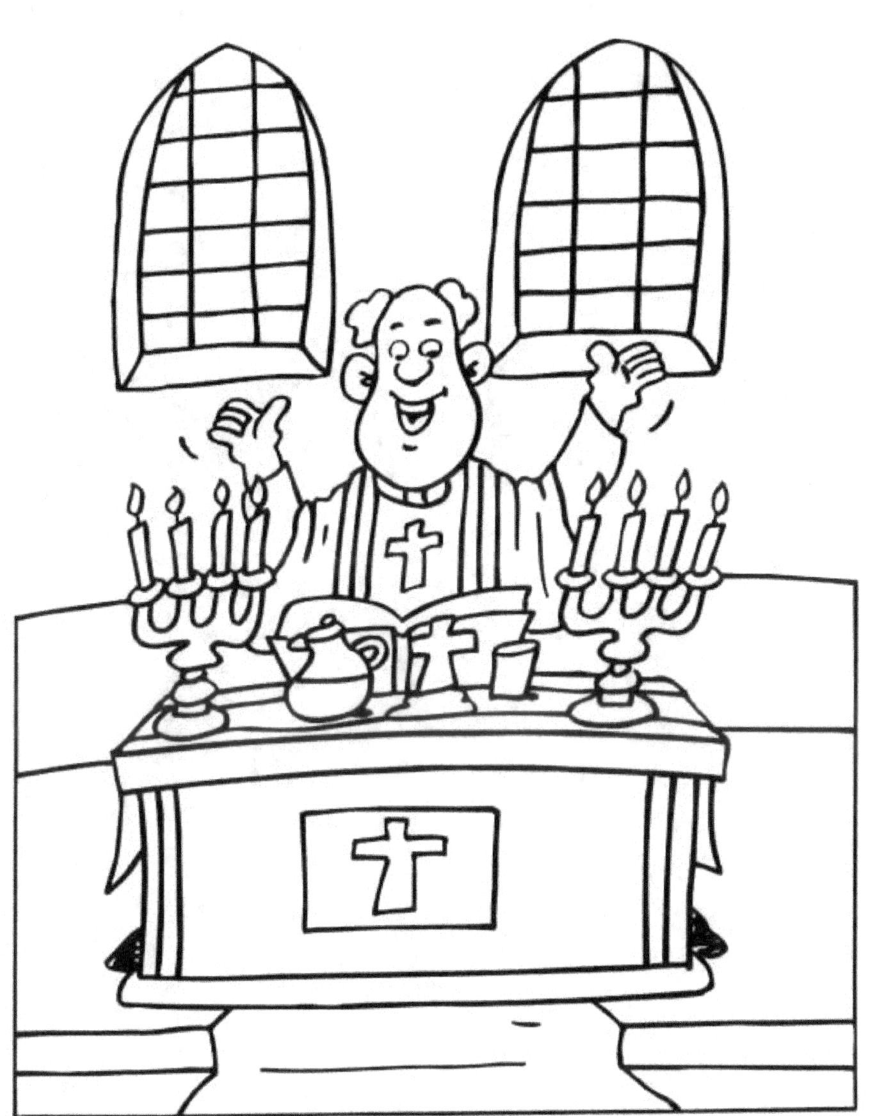

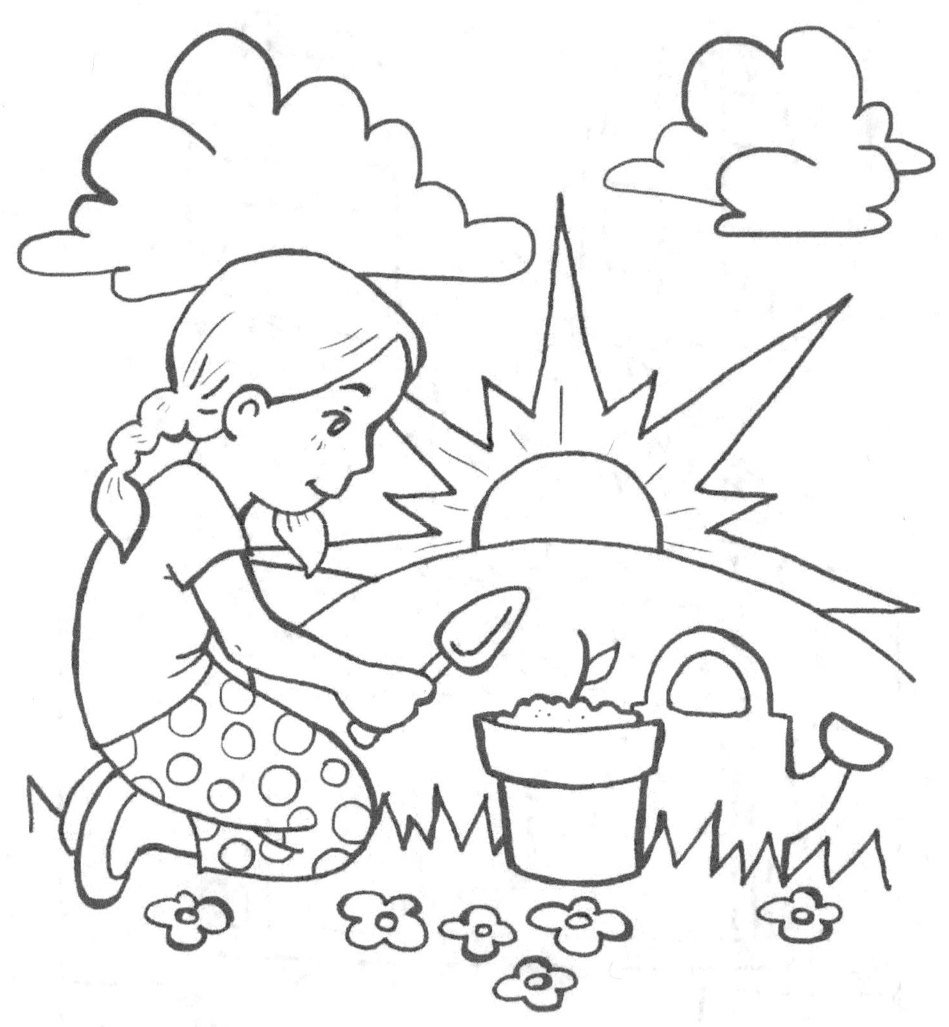

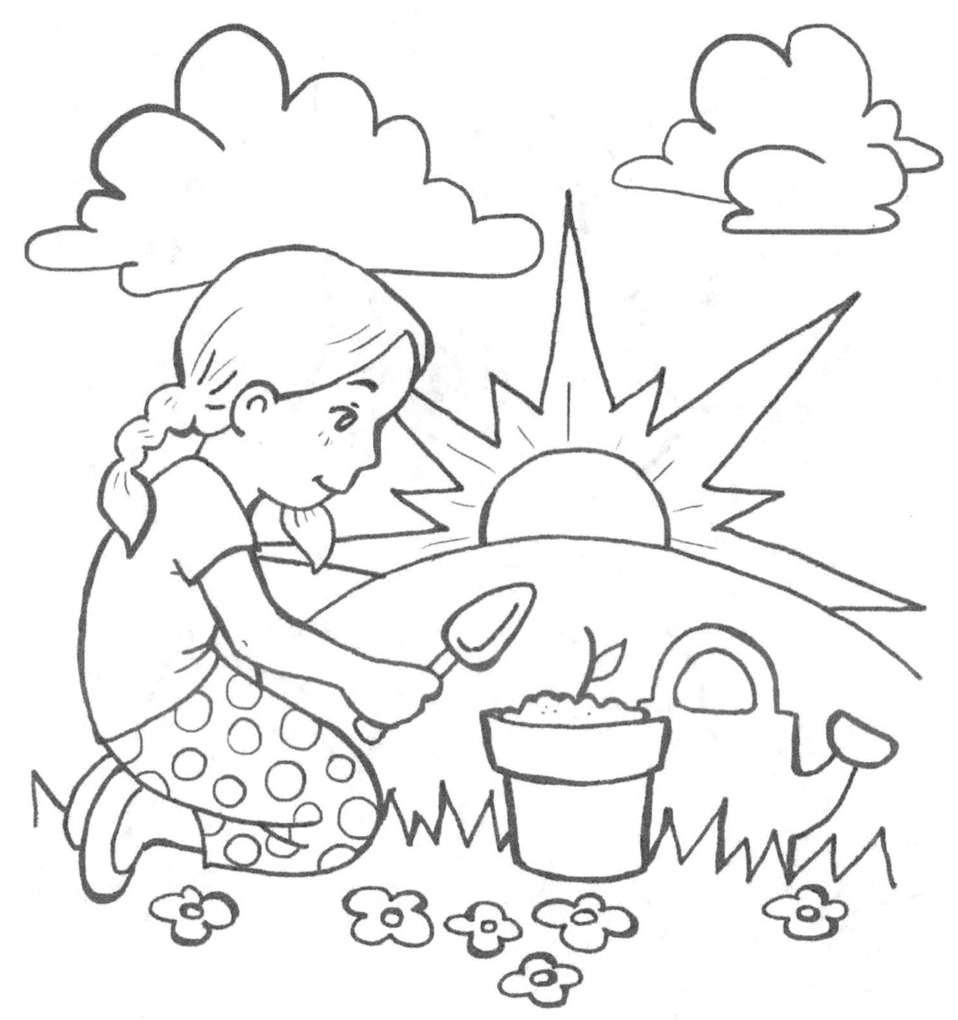

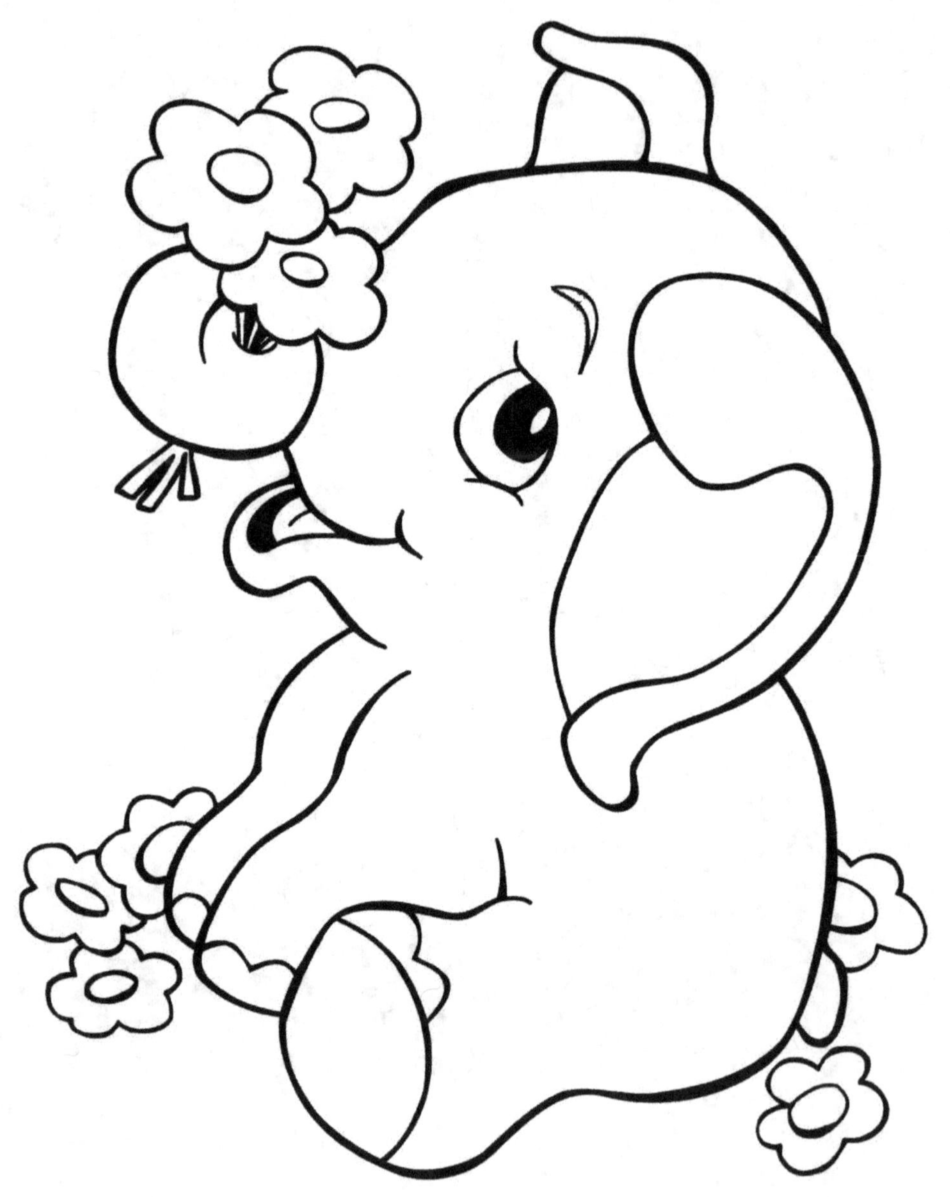

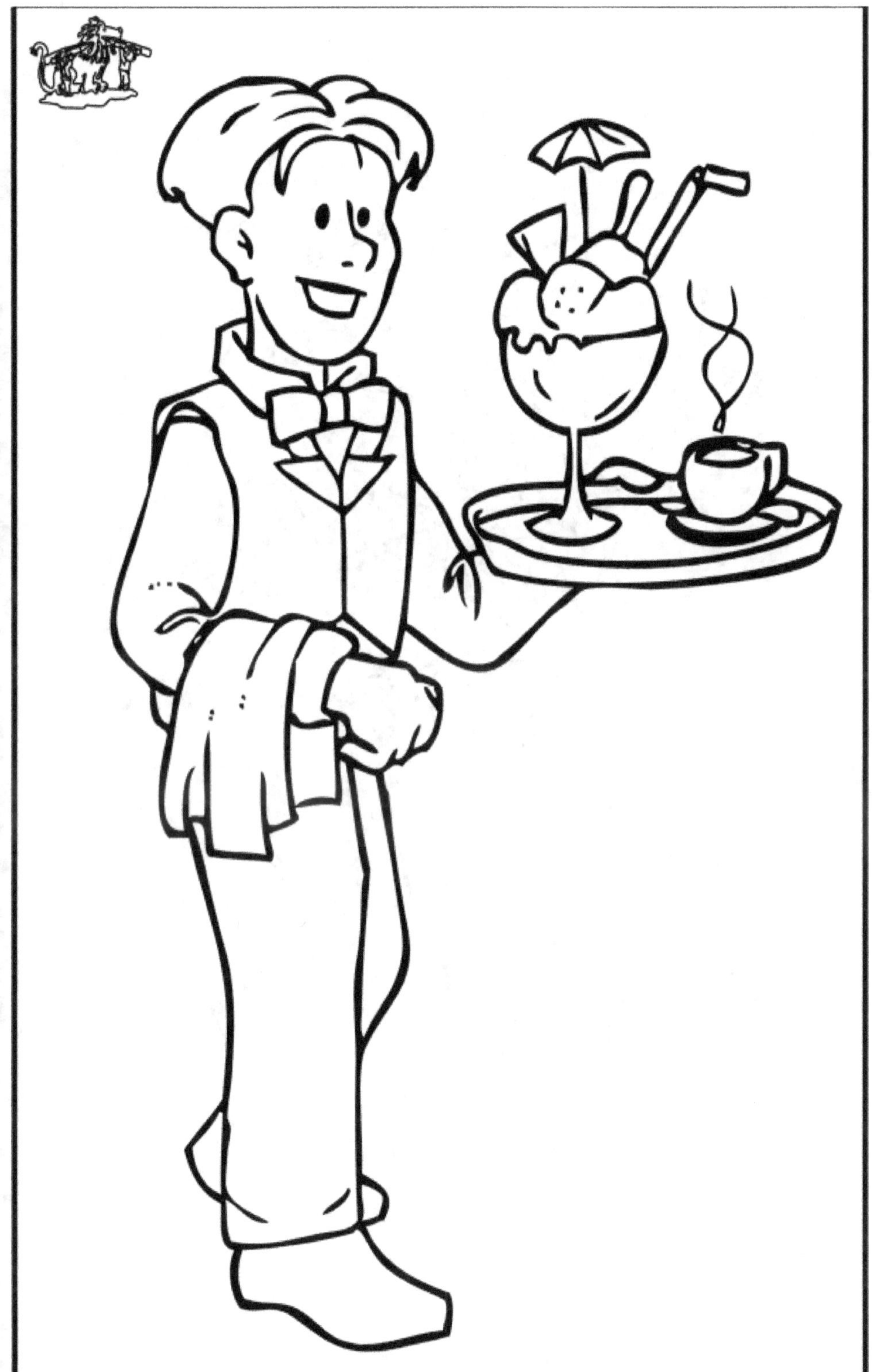

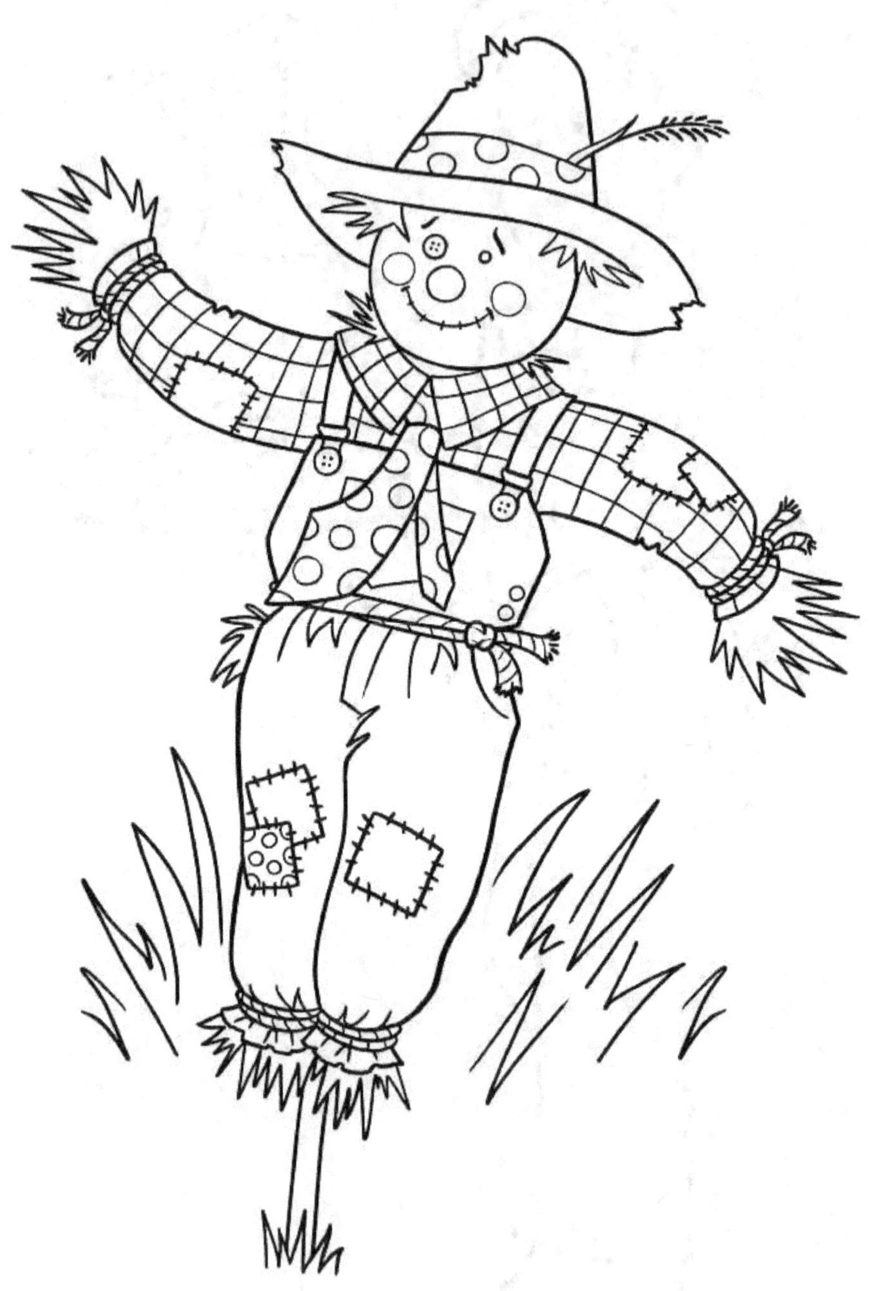

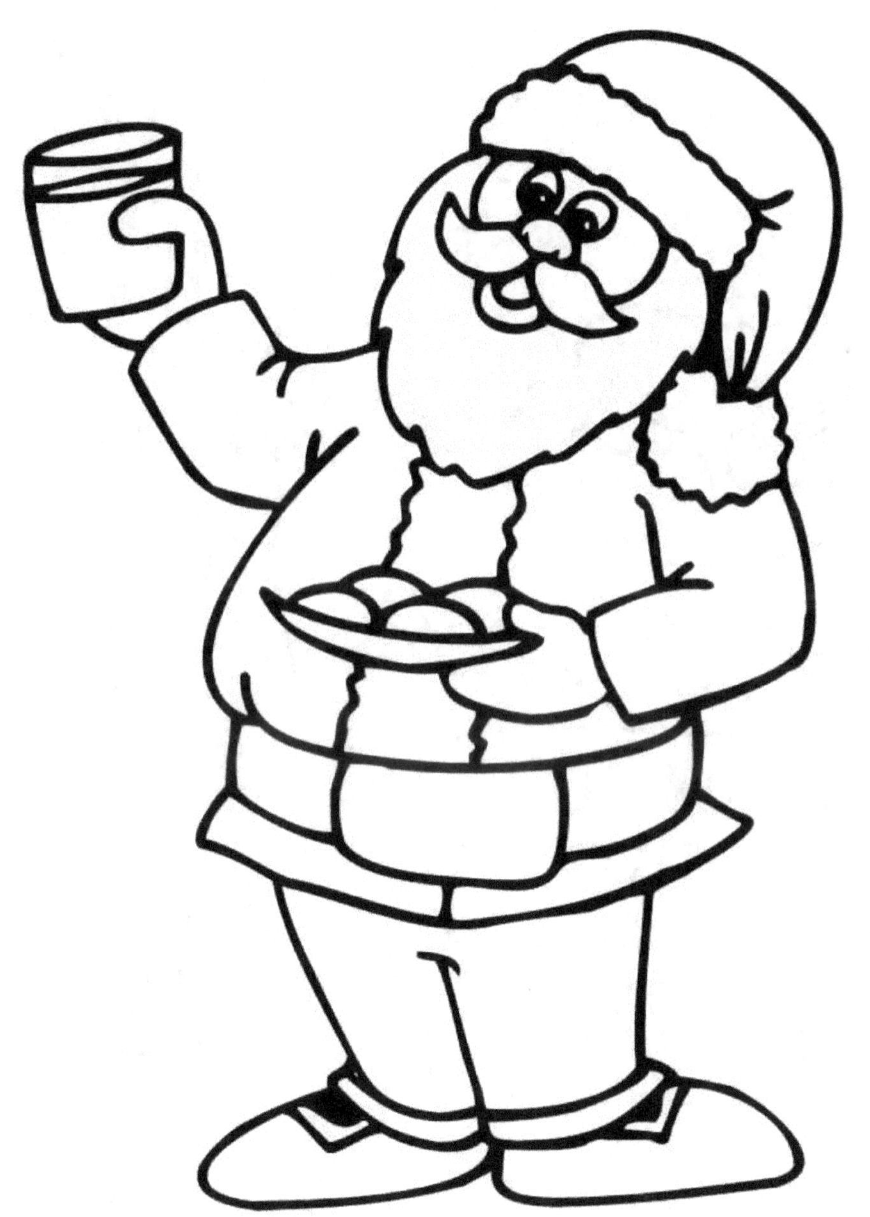

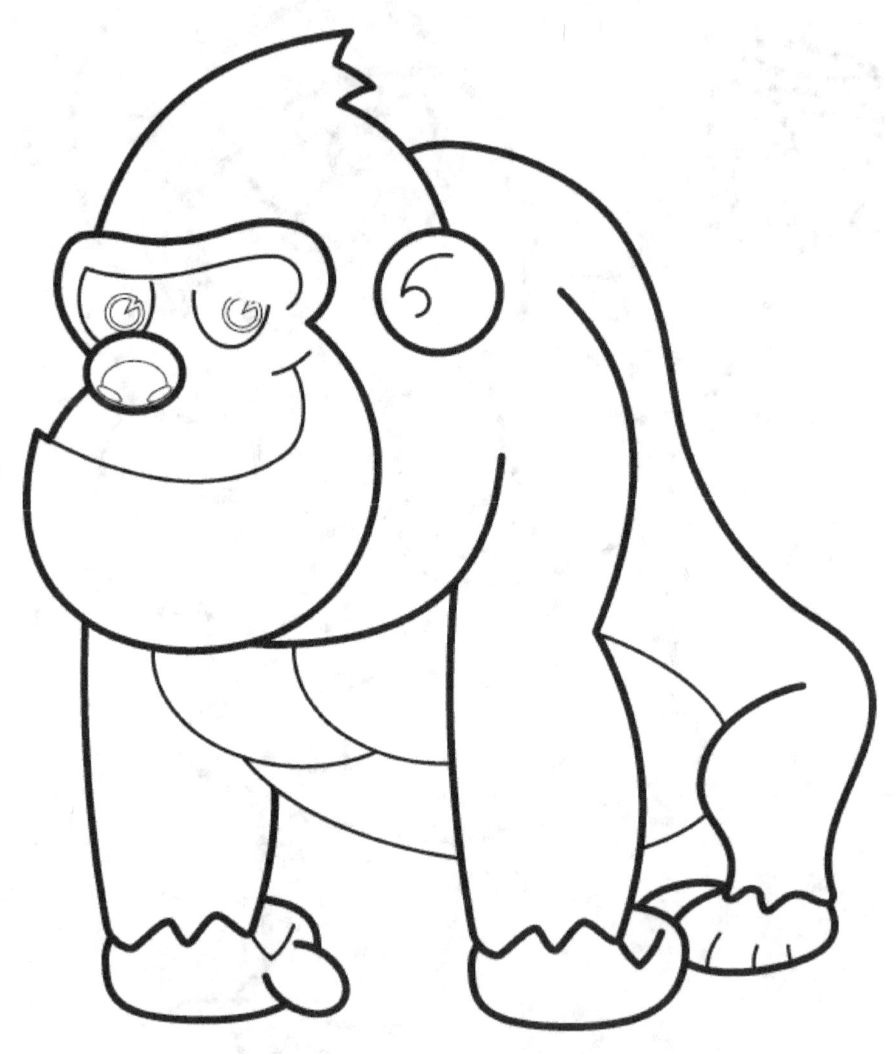

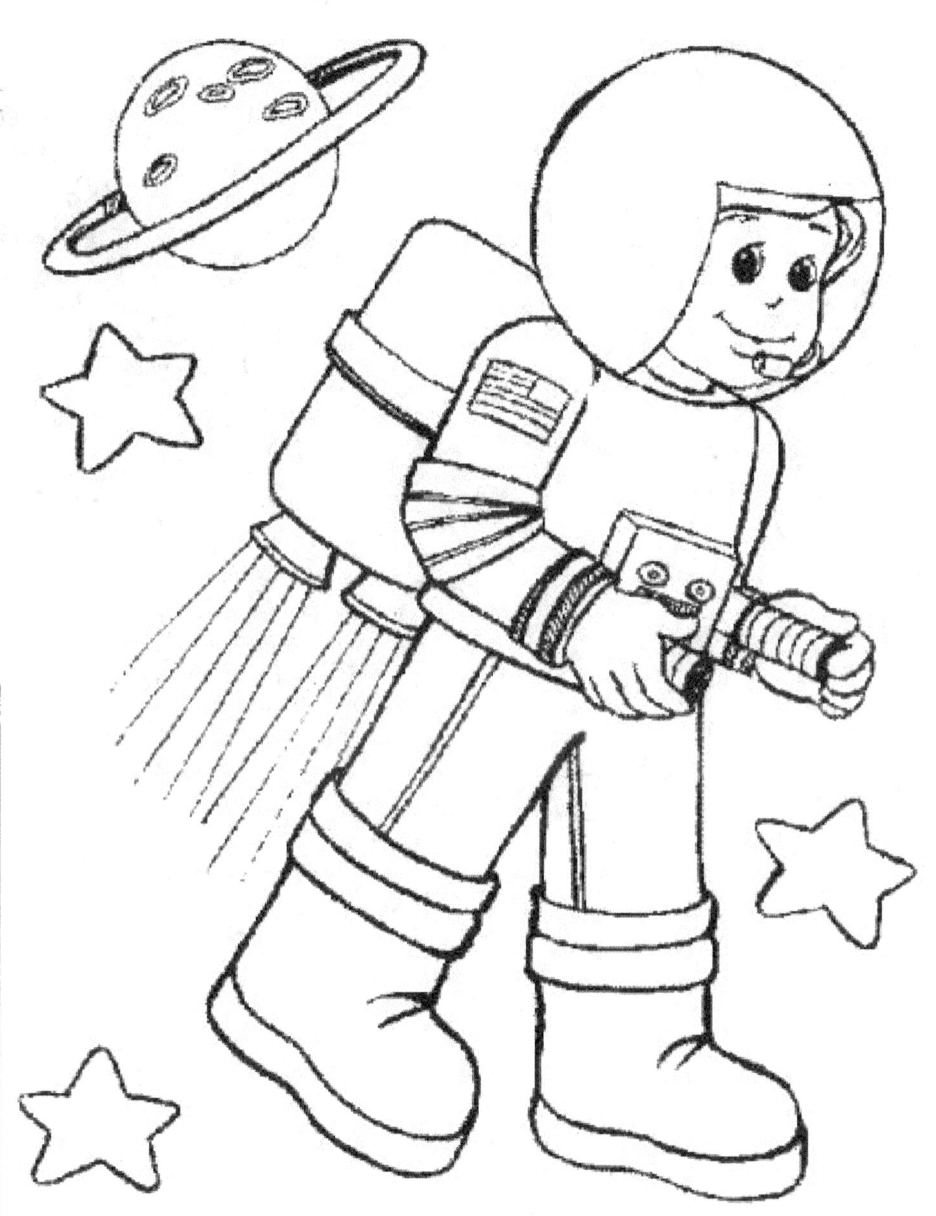

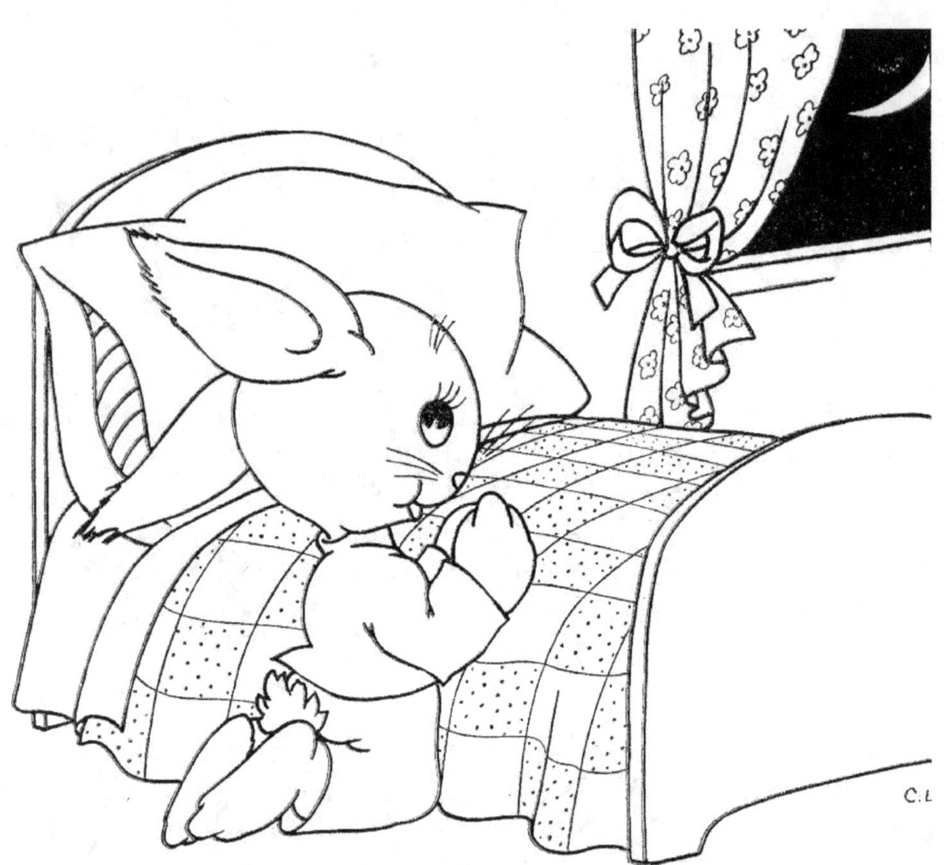

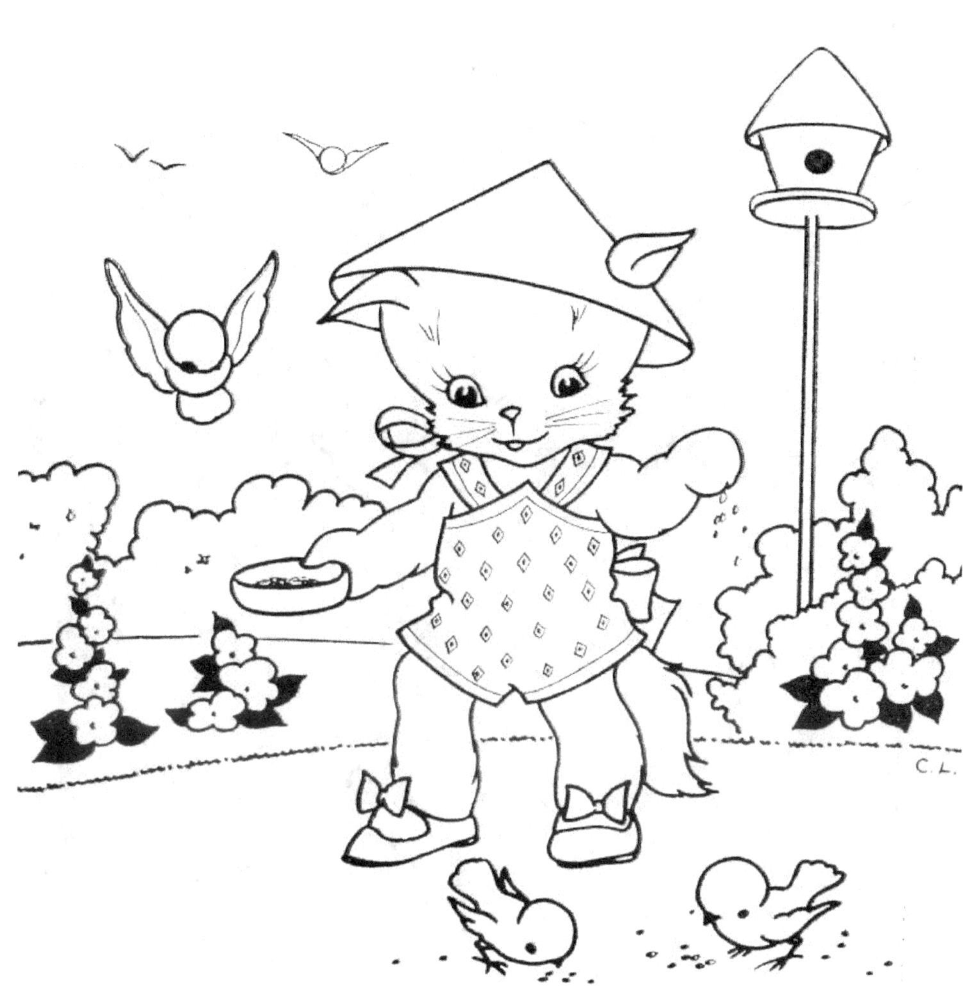

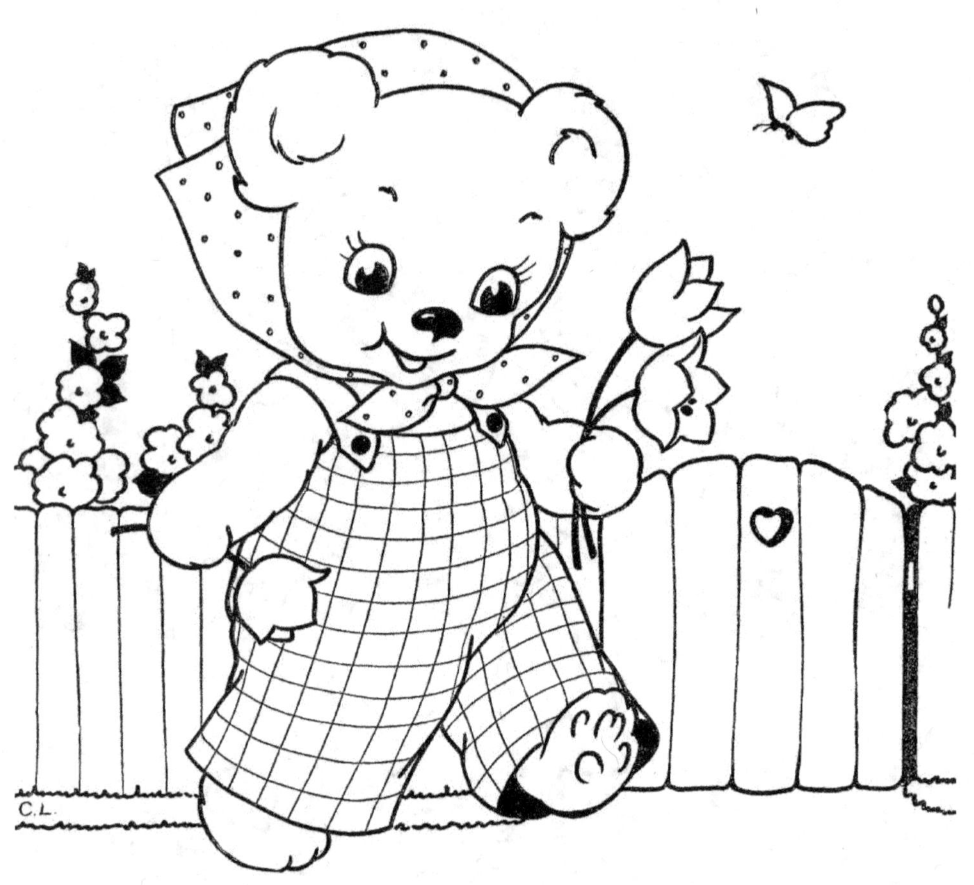

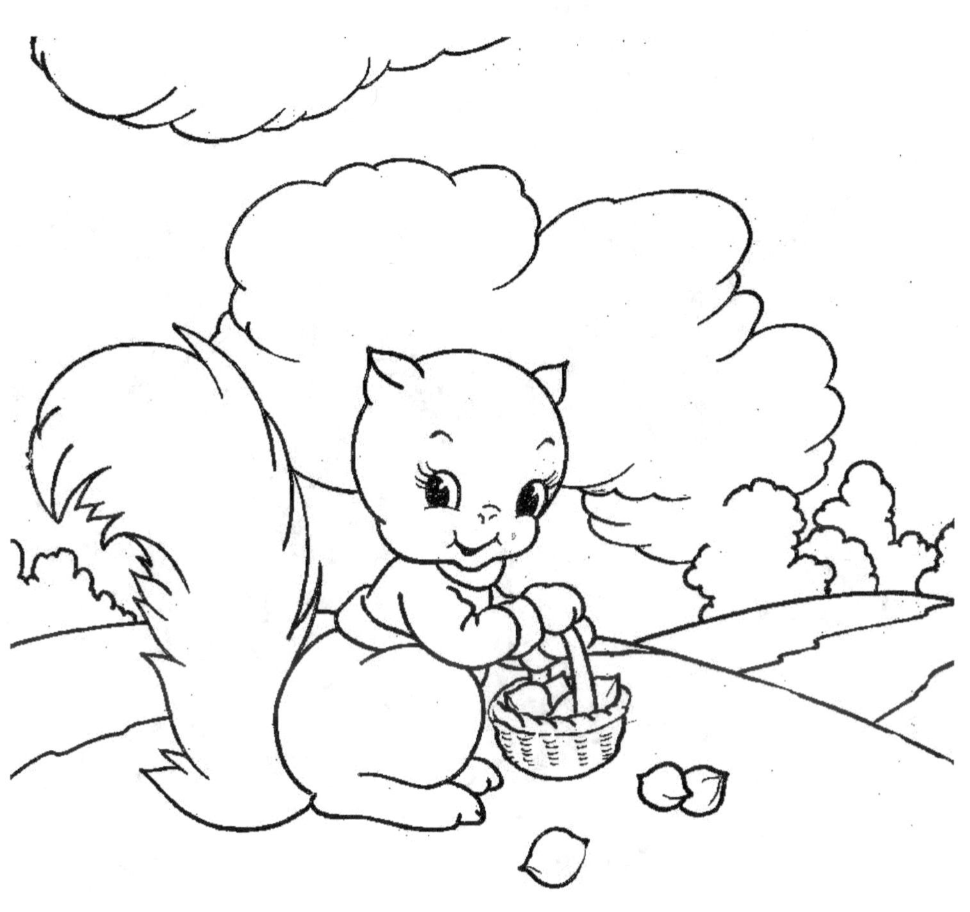

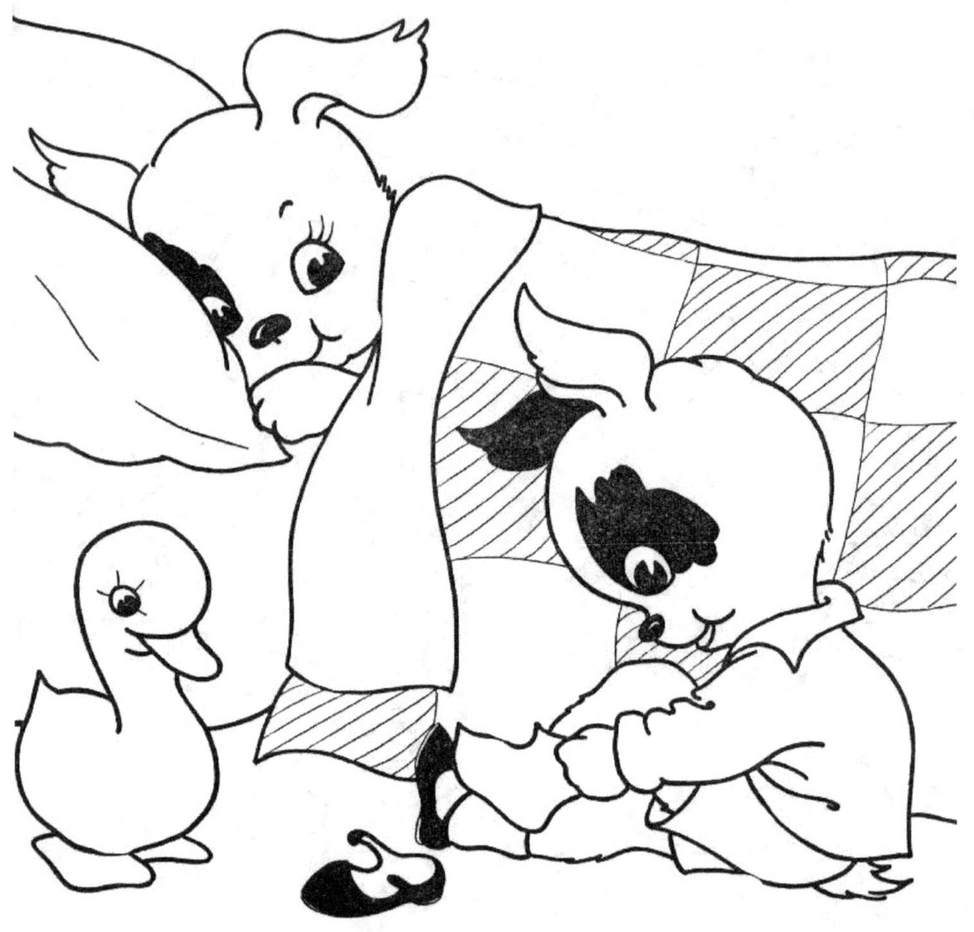

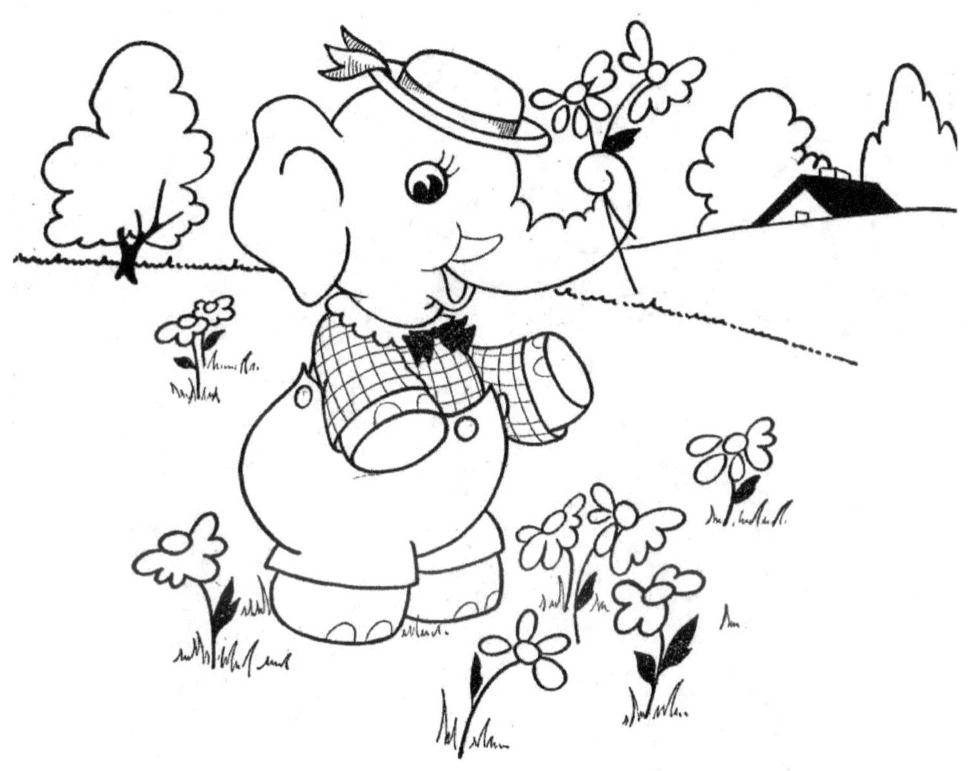

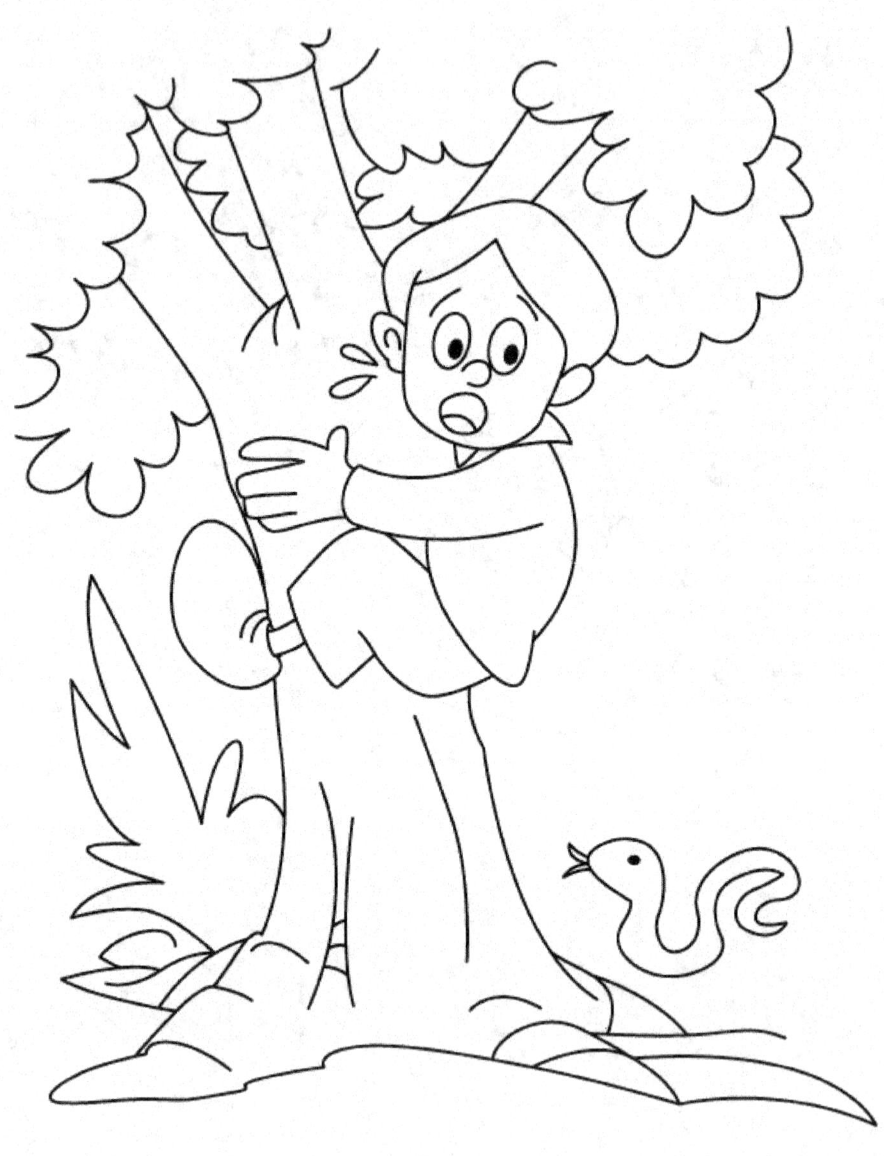

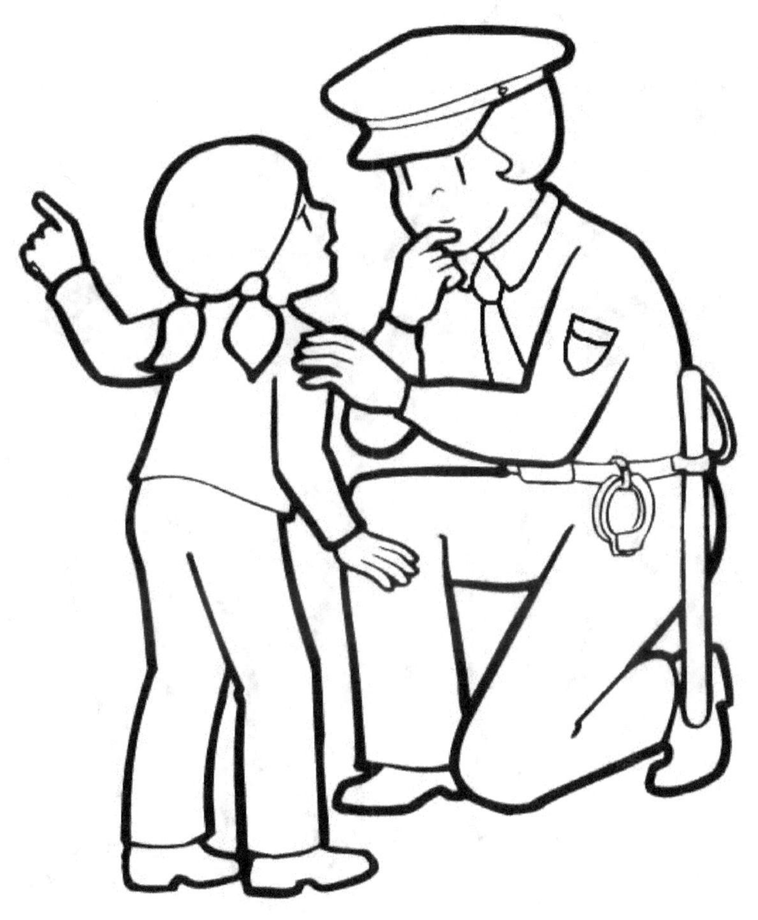

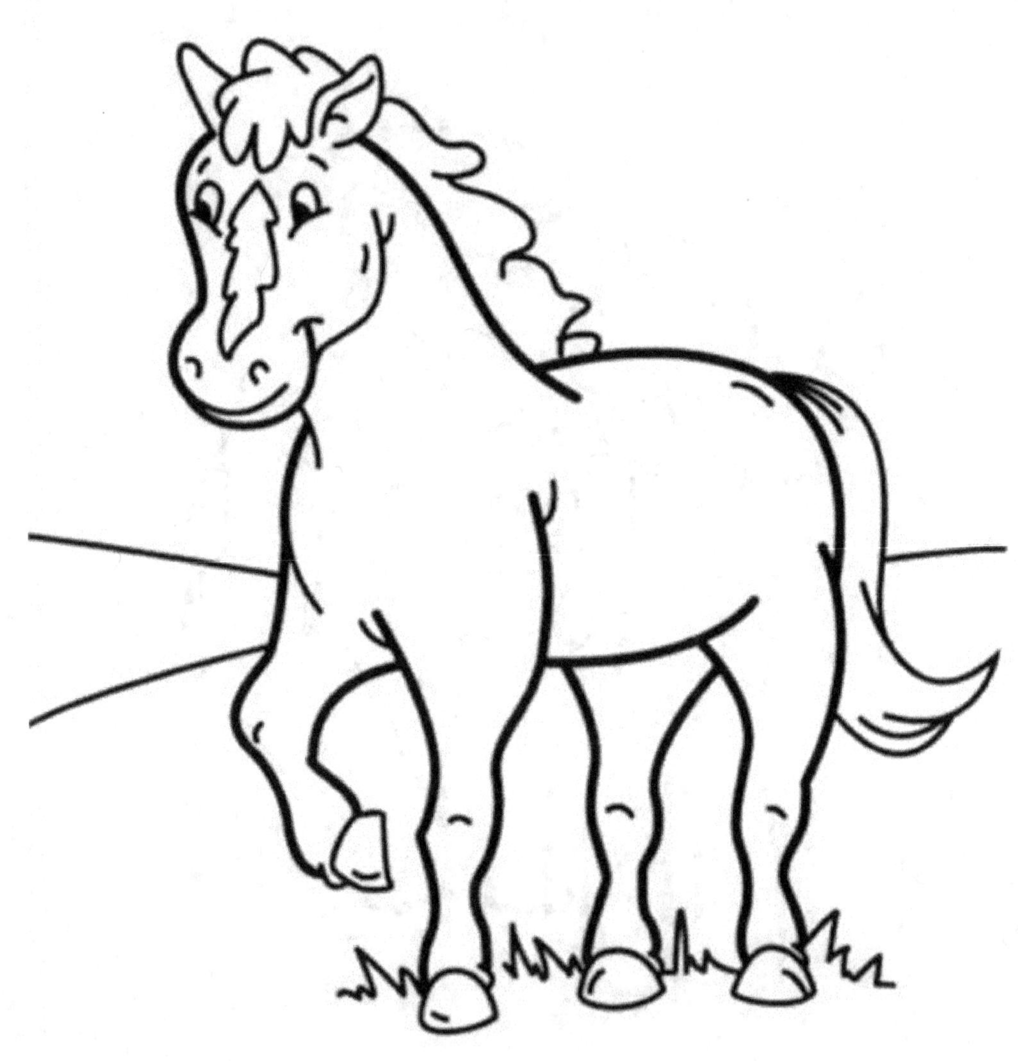

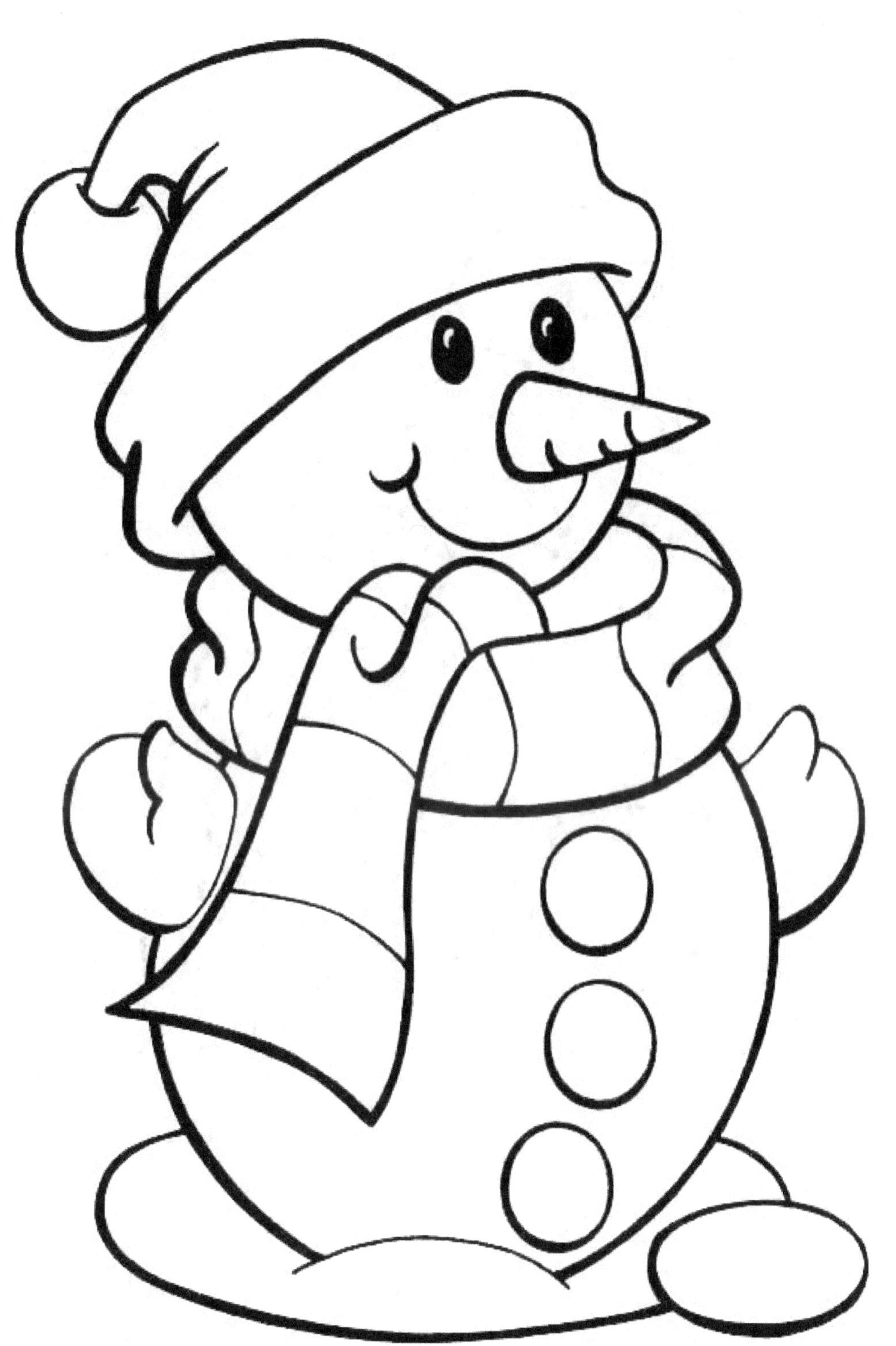

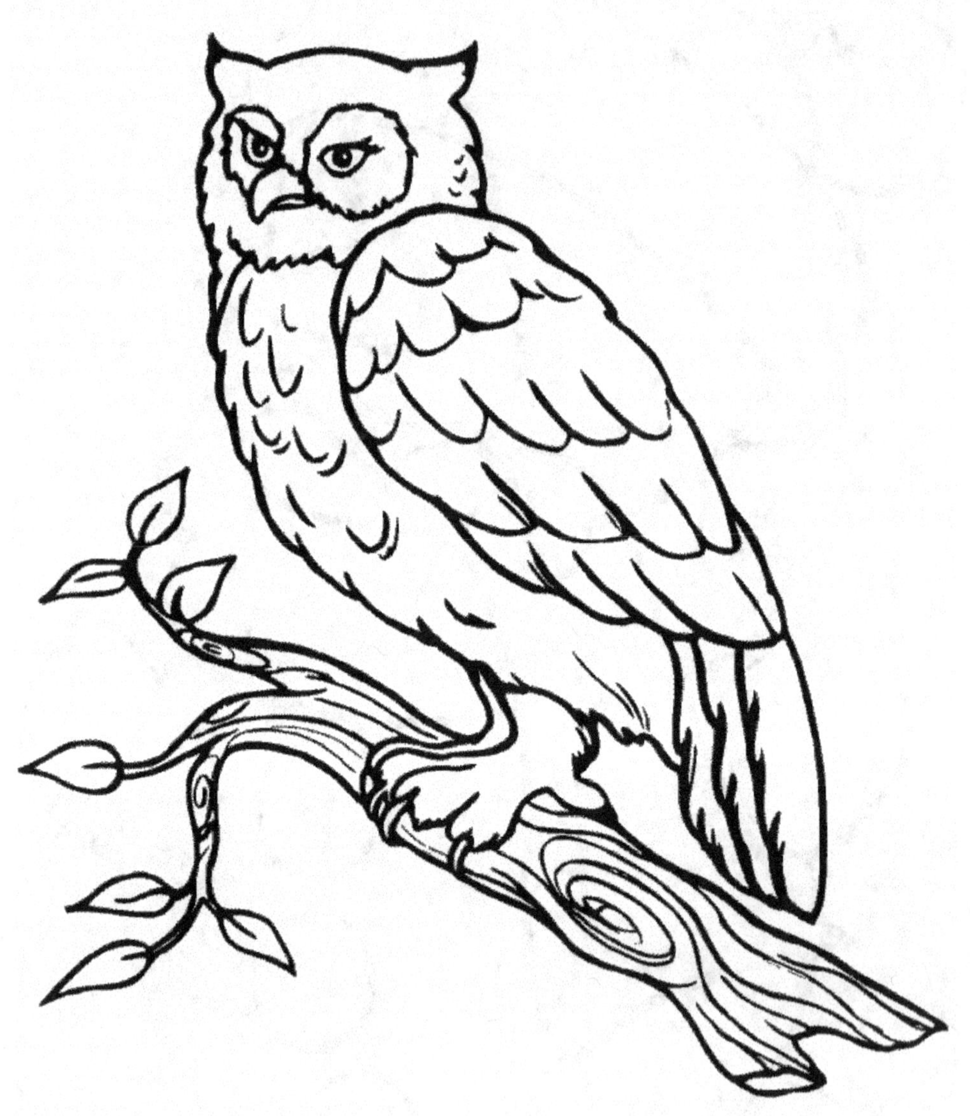

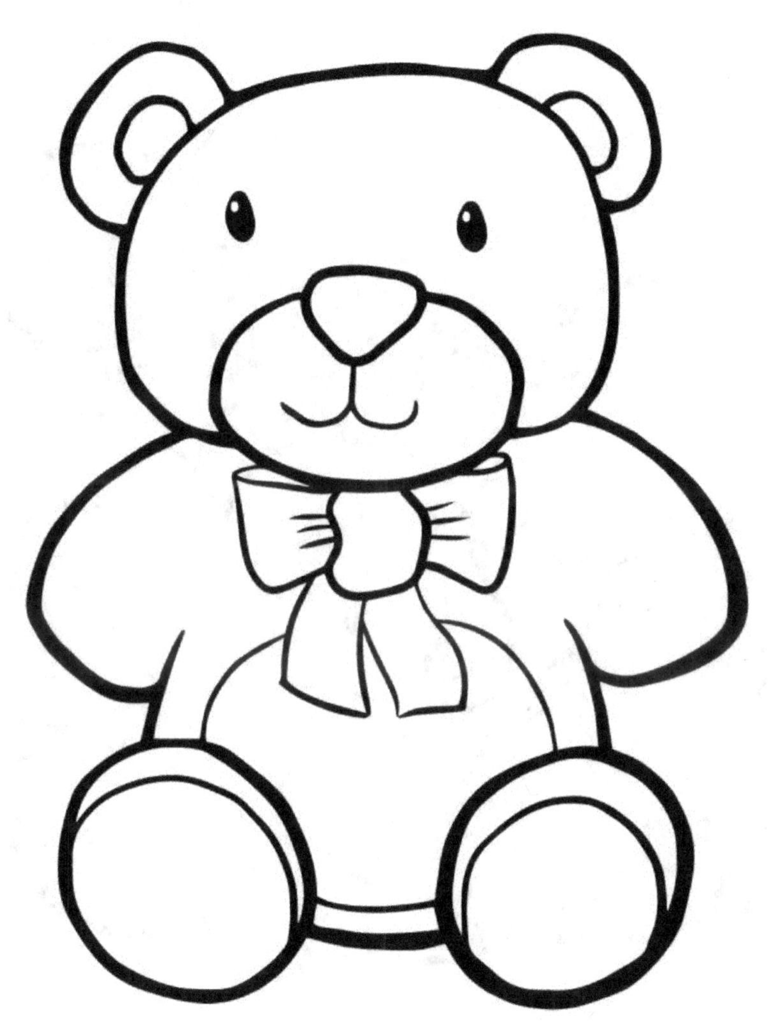

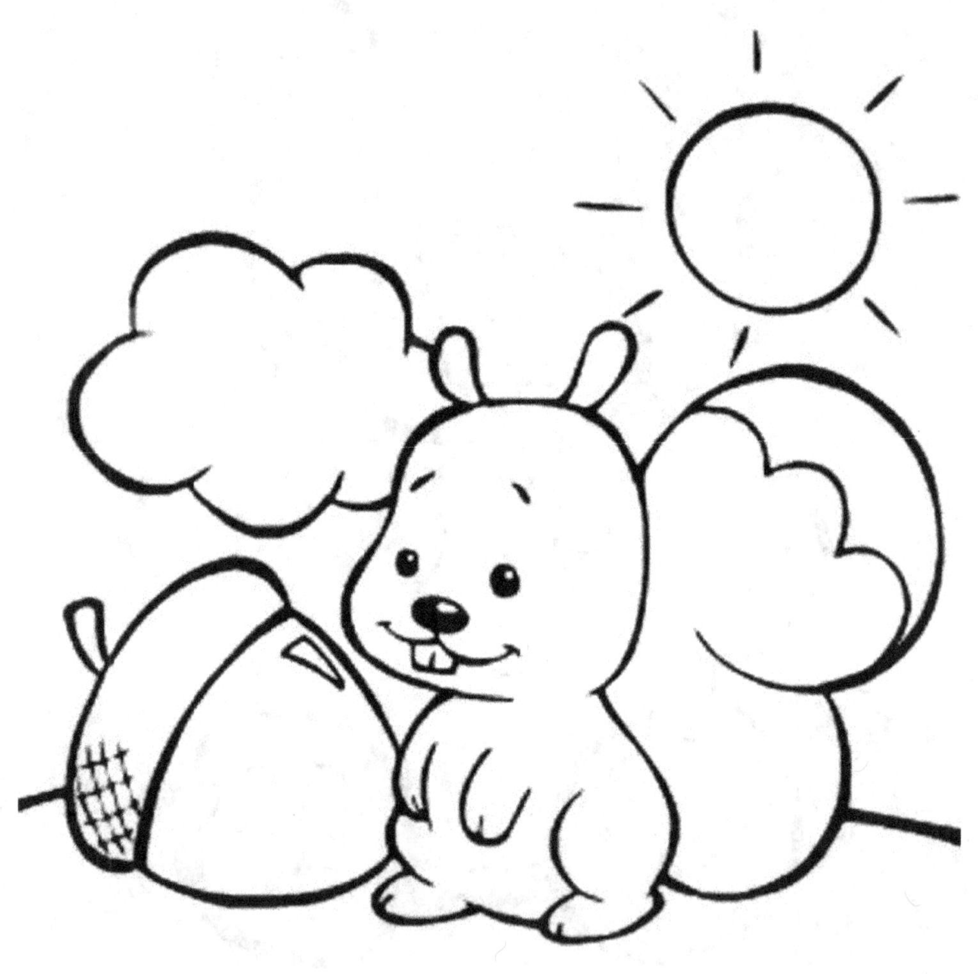

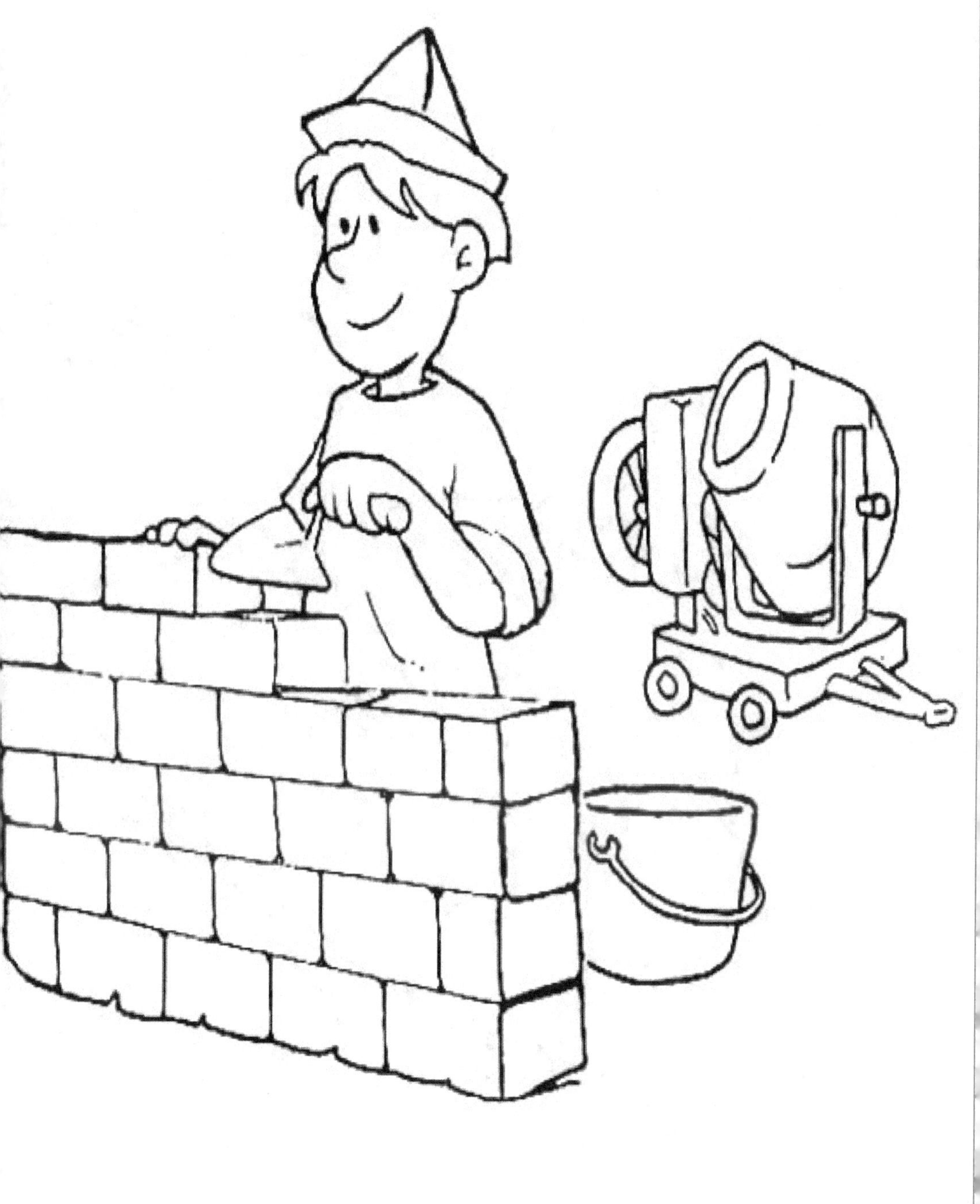

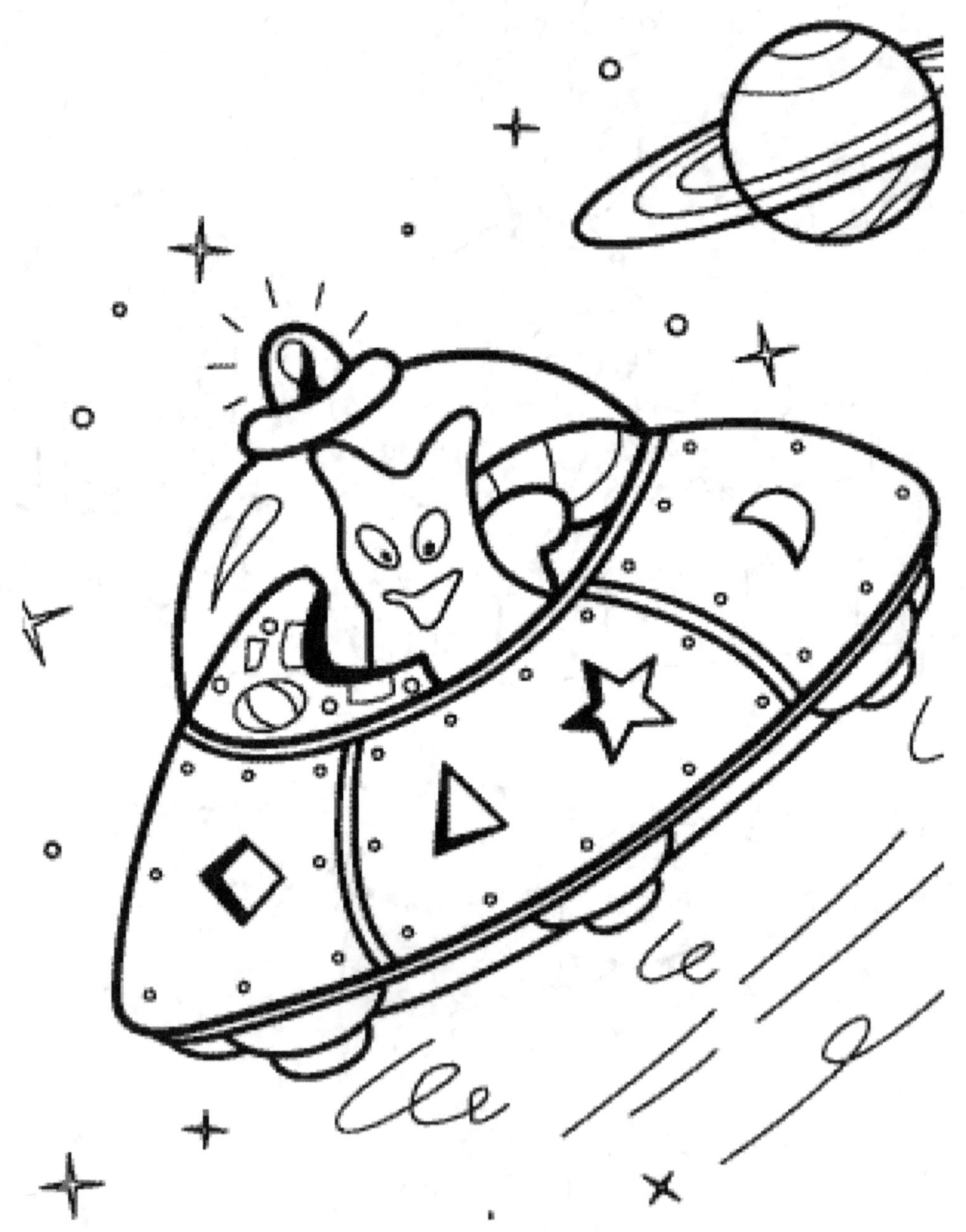

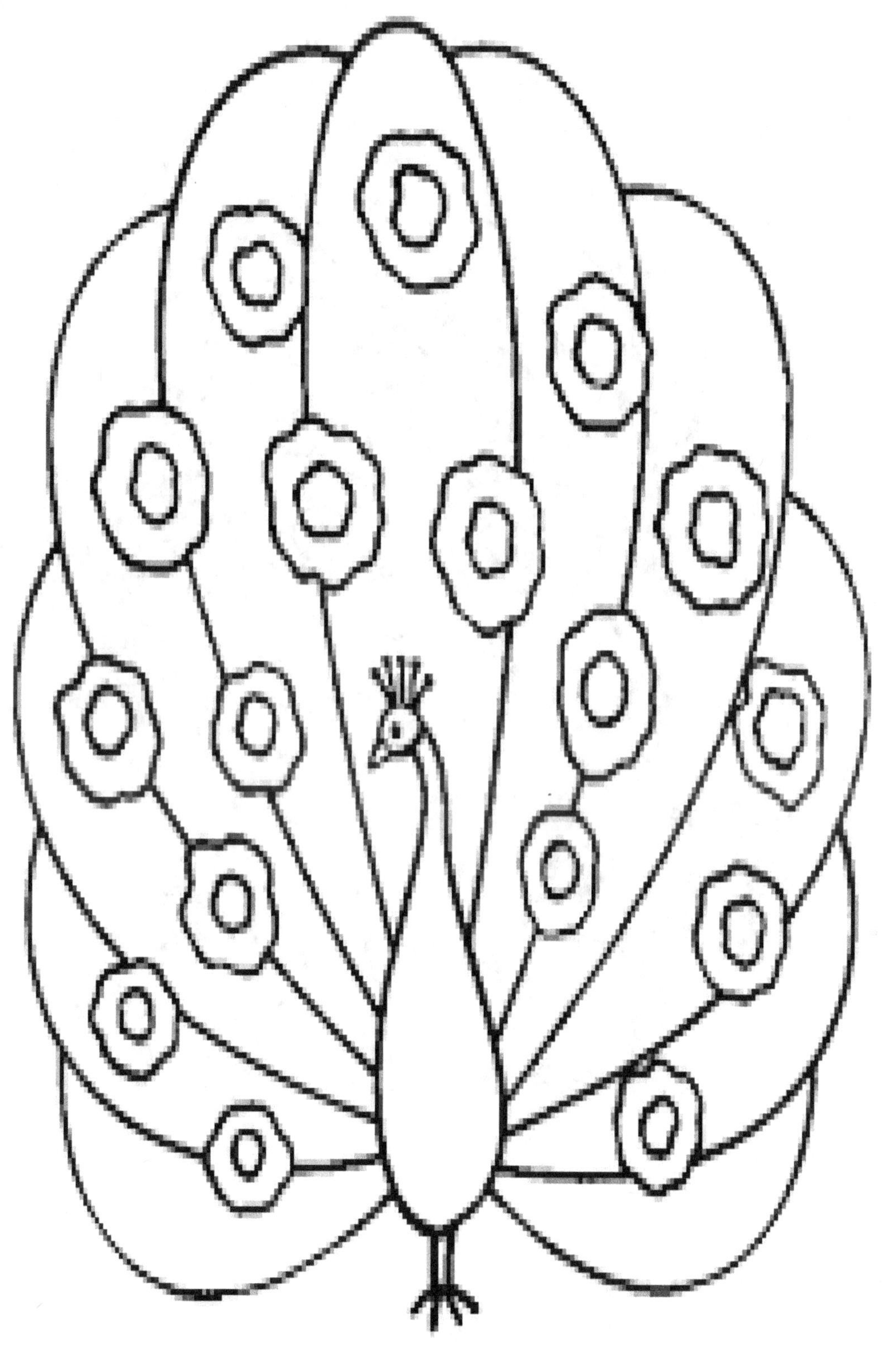

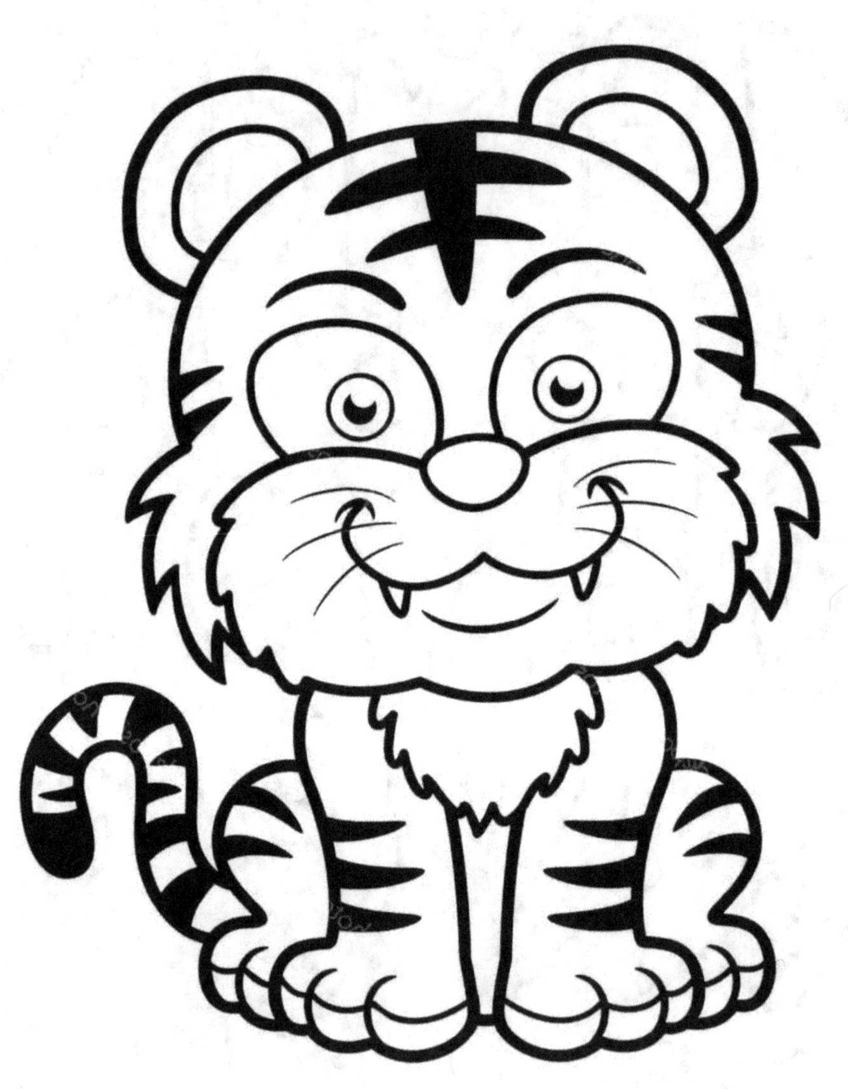

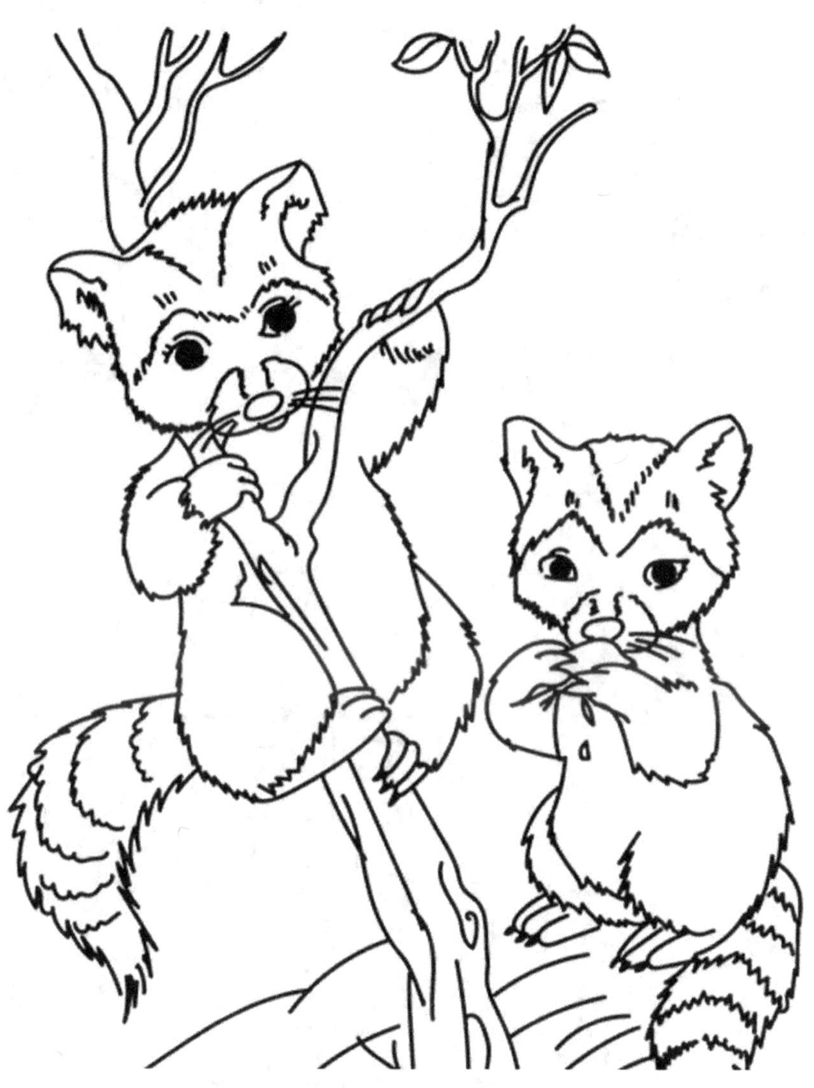

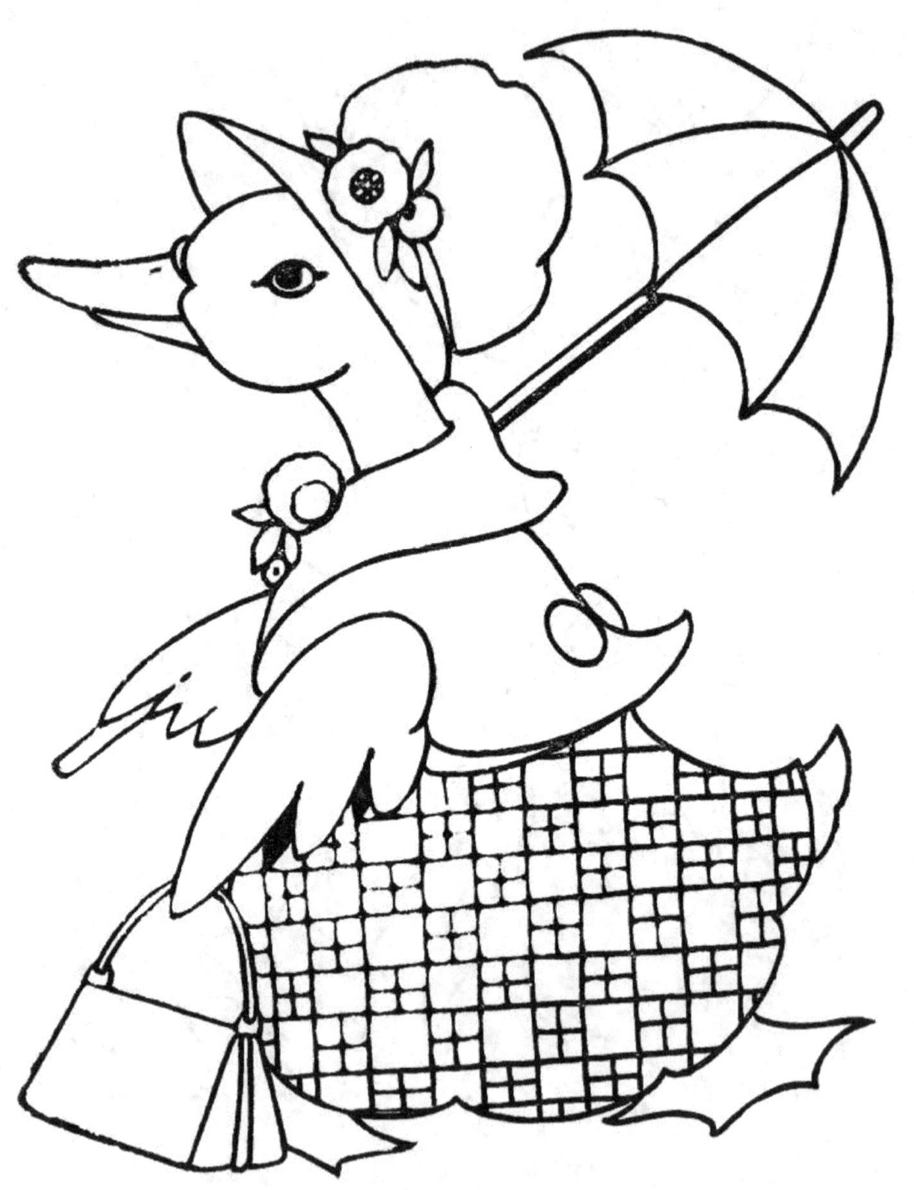

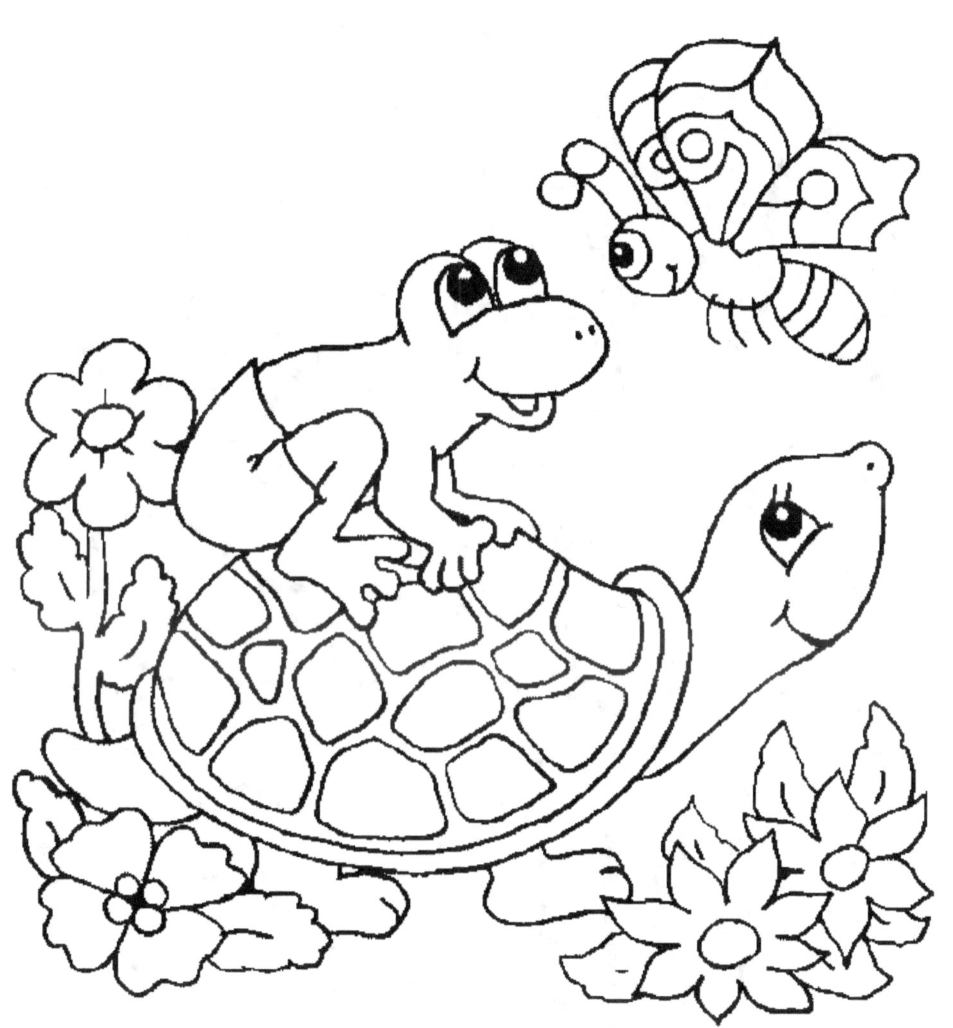

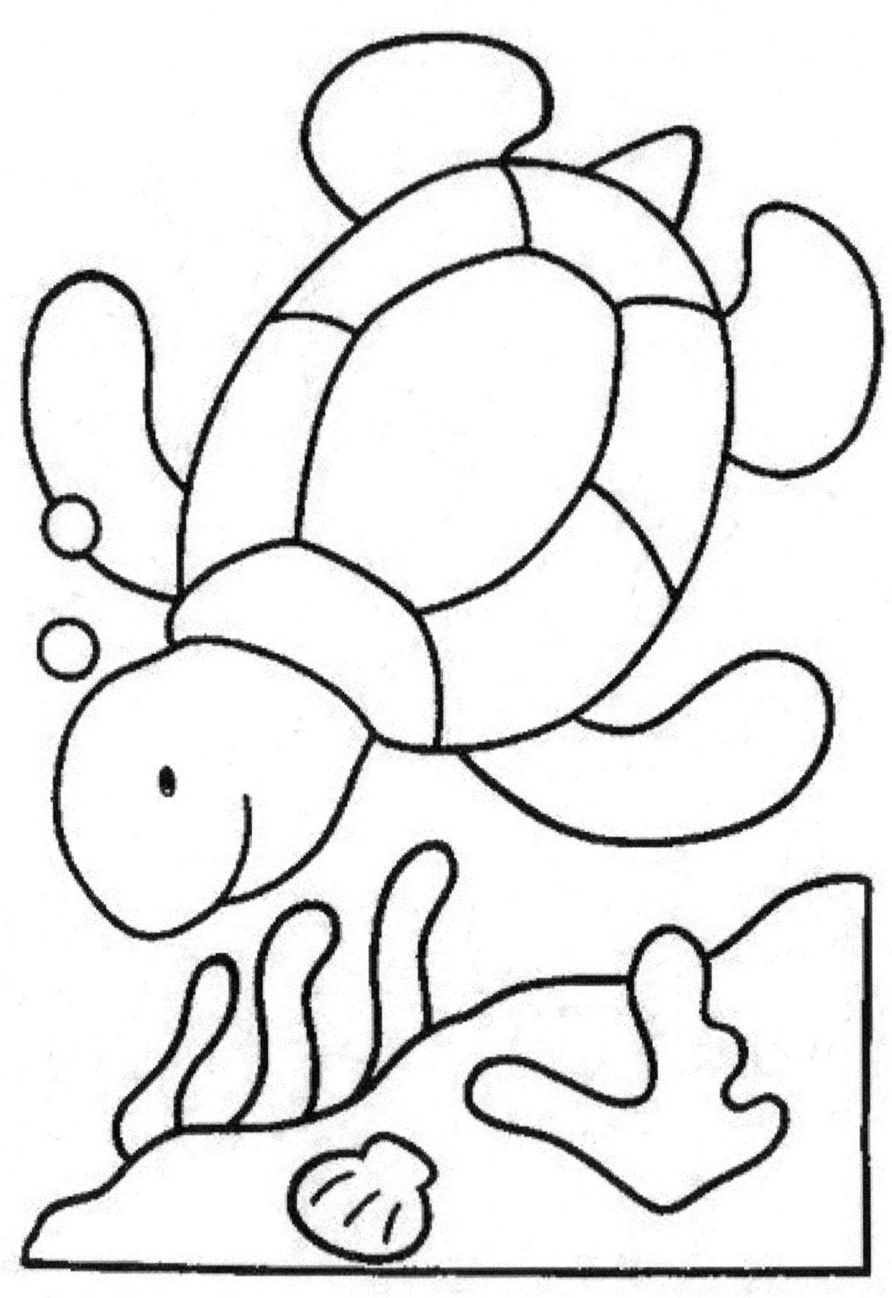

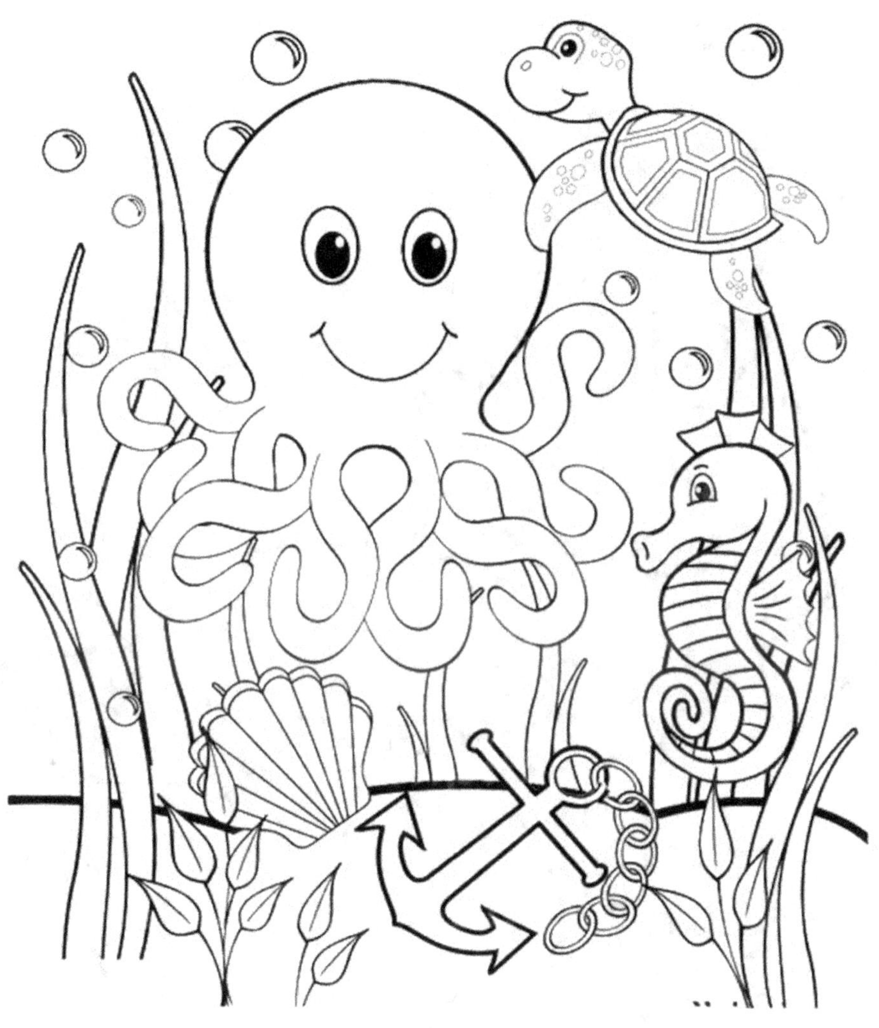

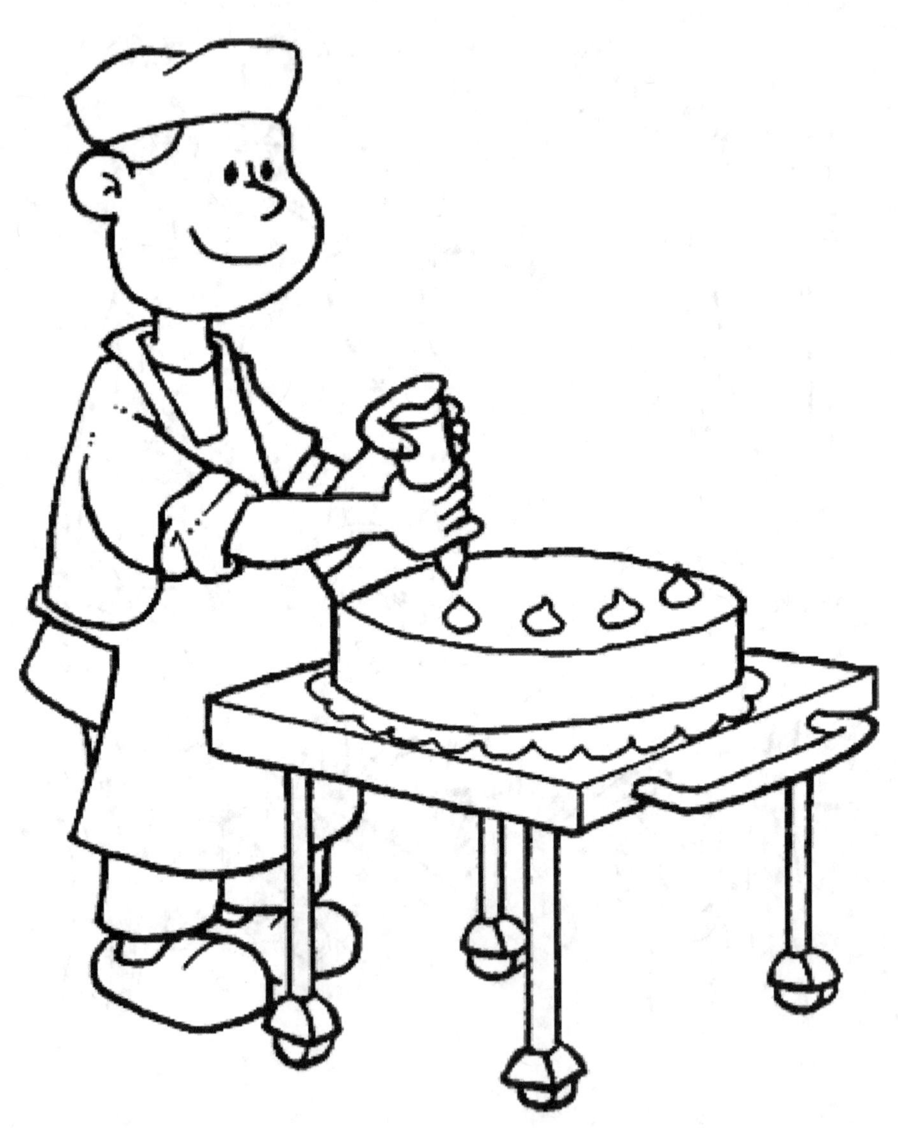

www.ingramcontent.com/pod-product-compliance
Lightning Source LLC
Chambersburg PA
CBHW070859250726

48662CB00003B/1460

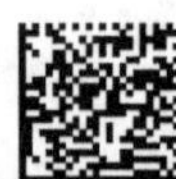
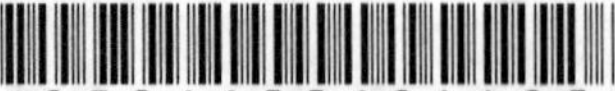